激励员工就靠这几招

张宏伟 著

北京燕山出版社

图书在版编目（CIP）数据

　　激励员工就靠这几招/张宏伟著.—北京：北京燕山出版社，2023.3
　　ISBN 978-7-5402-6648-6

　　Ⅰ.①激… Ⅱ.①张… Ⅲ.①企业管理－人事管理－激励－研究 Ⅳ.① F272.92

　　中国版本图书馆 CIP 数据核字（2022）第 180610 号

激励员工就靠这几招

著　　者	张宏伟
责任编辑	王　涛
封面设计	韩　立
出版发行	北京燕山出版社有限公司
社　　址	北京市西城区椿树街道琉璃厂西街 20 号
邮　　编	100052
电话传真	86-10-65240430（总编室）
印　　刷	三河市华成印务有限公司
开　　本	880mm×1230mm　1/32
字　　数	170 千字
印　　张	8
版　　次	2023 年 3 月第 1 版
印　　次	2023 年 3 月第 1 次印刷
定　　价	38.00 元

发 行 部　010-58815874
传　　真　010-58815857

如果发现印装质量问题，影响阅读，请与印刷厂联系调换。

前言 PREFACE

在企业的发展过程中，人力资本的作用远远超过物质资本的作用，企业之间的竞争归根到底就是人的竞争。因此，采取什么样的方法或手段才能管好员工，有效地激发员工的积极性，使员工更加忠诚于企业，出色高效地完成工作，是每一个企业管理者都希望解决的问题。

激励员工是一门学问，也是一门艺术。所谓企业管理，说到底就是对人的管理。因为人心不一，人各有其性、各有其谋，人是有思想、有情感、有欲望的，这就要求管理者不能用单一的方法去激励手下的员工，而要根据不同的管理对象采用不同的激励策略。管理者应对其手下的人员进行全面了解，合理掌控，适当引导。"骏马能历险，犁田不如牛"，水平不同的人要派上不同的用场。只有这样，才能使其为企业或组织发挥最大的效应和能量。所以说，员工是否听从指挥，服从领导，工作态度是否积极，工作是否高效，这一切在很大程度上取决于管理者对员工的激励艺术。

其实没有无用的下属，只有糟糕的管理者。一些管理者常常抱怨自己的下属工作能力差，头脑不够灵活；抱怨下属不敬业，总是喜欢偷懒；抱怨下属没有责任心，对待工作没有积极性，出了问题只会推卸责任……管理者们不应该抱怨下属无能，而是应该检讨自己的激励理念是否落后，激励方式是否正确。传统的管理者大多采用高压的方式管理员工，认为就得对员工颐指气使、吆五喝六，指挥手下的员工，否则就失去了当"头儿"的威严。其实，随着时代的发展，这种高压式的管理方法早已被淘汰了。作为管理者，在自己领导的团队里，如果仅靠权力和地位来维持领导地位，那么这个领导一定是一个失败的领导；相反，一个优秀的管理者，对待工作讲技巧、讲策略，对待下属有着一套做人做事的原则，这样不仅可以很好地完成工作，还可以赢得一片掌声。

本书重点论述了优秀管理者所应该掌握的激励员工的方法，包括目标激励、物质激励、晋升激励、沟通激励、考核激励、情绪激励、赞美激励、竞争激励、信任激励等，并结合具有代表性的典型事例，深入浅出地讲解了各种激励手段的具体运用过程以及在运用实践中必须注意的细节，集知识性、实用性、可操作性于一体，有很强的实用指导性。一旦你掌握了其中的精髓，并积极地予以实践，将能够轻松地解决激励下属时所遇到的各类挑战，使激励员工变成一件易事、乐事，从而让自己成为一名优秀的管理者，使事业成功，企业不断发展壮大！

目录
CONTENTS

第1招
目标激励：为员工植入团队梦想

为团队制订共同目标 001

让个人目标融入团队愿景 004

为员工指明前进的方向 009

让梦想变得现实可行 012

使员工相信梦想并为之努力 017

第2招
物质激励：员工无不渴望更高的收入

用高薪吸引人才 021

让利益与效益挂钩 024

提升效率工资的比重 027

以股份激励人才 031

灵活发放奖金 034

001

第3招

晋升激励：给员工提供不断攀升的梯子

让每个人都看到晋升的希望 038
让晋升满足"欲望" 041
用晋升转化为持久的诱惑 043
建立良好的晋升机制 046
保证优秀员工能顺利"晋级" 050

第4招

沟通激励：下属的干劲是交流出来的

用心倾听员工的心声和抱怨 054
肢体语言让你变得极具亲和力 059
设法拉近与下属的距离 063
实现迂回沟通的谋略 067
多采用非正式沟通的方式 071

第5招

考核激励：一切由绩效说的算

鼓励员工不断提升业绩 075
考核的基本原则是科学、公正 079
考核要公私分明 082
实现量化考核管理 083

绩效考核 7 部曲.................................085

第 6 招
情绪激励：让你的员工"激情燃烧"
让员工成为"鸡血战士"..........................091
投入 100% 的激情................................095
给员工"提气"...................................097
以百米赛跑的速度奔跑............................100
激发员工的工作热情..............................103

第 7 招
赞美激励：巧送"高帽"，如愿塑造人
表扬要客观公正..................................105
挖掘优点并加以赞赏..............................108
表扬方式要灵活多变..............................111
肯定是一份绝佳礼物..............................116
让每个人觉得自己最受青睐........................119

第 8 招
竞争激励：在你追我赶中激活员工战斗力
为团队引入"鲶鱼"...............................122
寻找"弼马温"式的人物...........................126

善用同侪效应 128
避免"劣币驱逐良币" 130
杜绝"螃蟹效应" 135

第9招
公平激励：公平公正的机制才会让员工努力奋发
以实现公平公正为目标 138
走出公平主义的误区 141
实现员工心理的公平 143
公开是重要的前提 145
从结果均等到机会均等 149

第10招
信任激励："用人不疑"是驾驭人心的基本方法
让下属放开手脚 152
学会信任"外人" 156
不因人言而疑人 158
用他，就要信任他 161
让看准的人挑担子 163

第 11 招

文化激励：企业文化让员工找到归属感

以核心价值观统领一切 167
用软文化凝聚人心 171
用"催眠"的方式灌输文化 174
"团队"而非"群体" 177
让成员认同并信仰团队 180

第 12 招

荣誉激励：让员工顶着"光环"往前走

用集体荣誉感框住成员 185
要求团队的节奏保持一致 188
多管齐下凝聚人心 191
金钱不是凝聚团队的最佳粘合剂 193

第 13 招

情感激励：用"春风化雨"滋润员工心灵

要善于运用情感管理 197
带人要带心 202
用"仁爱"赢得人心 205
让员工感受到关心 208

第 14 招

成长激励:有"奔头",才会有持续不断的激情

让员工成为人力资源 212
帮助员工规划职业生涯 214
让员工走出"心理舒适区" 217
引导员工进行长线投资 220
使员工在实战中提升能力 223

第 15 招

危机激励:时刻提醒"狼快来了"

提醒员工:我们的公司可能会倒闭 226
警惕工作中的"马蹄铁"现象 231
时刻保持压力和危机感 233
建立必要的预警机制 236
及时制定相应的危机预案 241

第1招

目标激励：
为员工植入团队梦想

¤ 为团队制订共同目标

确立团队目标是管理者最重要的工作任务之一。成功的企业都是相似的，而失败的企业各有各的原因。成功的企业的一条重要经验之一就是，他们有明确的奋斗目标，并且能将这种目标转化为员工向上的动力过程。

心理学家认为，一个人在团队中工作最可惜的就是自己的力量被抑制得不到发挥，原因有很多，欠缺对团队的归属感是其中最主要的。缺乏归属感的人，丧失了做事的目标，只会为工作而工作，丝毫体会不到在团队中大家为着共同目标奋斗的工作激情。

倘若团队有自己的共同目标，那么每个人都会以此而找到自己该做的事，从而真正提高团队效率。由于团队成员追逐着与团队总目标不一致的个体小目标，由此而造成的后果是可悲的。

有三只老鼠一同去偷油喝，到了油缸边一看，油缸里的油只剩了一点点，而且缸身太高，谁也喝不到。聪明的老鼠想出办法：一个咬着另一个的尾巴，吊下去喝，第一只喝饱了，上来，再吊第二只下去喝……第一只老鼠最先吊下去喝，它在下面想："油只有这么一点点，今天总算我幸运，可以喝个饱。"

上面的老鼠看油越来越少，就不住地催促它赶快上来，但下面的老鼠却不理睬，照喝不误。上面的老鼠生气了，就放开了下面老鼠的尾巴。结果那只老鼠落在油缸里，由于永远逃不出来而饿死了。

下面的老鼠只想着自己的利益，却忽视了团队的目标，最终造成了这样的结果。作为管理者，不仅要确定团队的共同目标，还要在执行的过程中保证团队的目标不偏离。

团队的共同目标是一个有意识地选择并能表达出来的方向，它运用团队成员的才能和能力，促进组织的发展，使团队成员有一种成就感。共同目标表明了团队存在的理由，能够为团队运行过程中的决策提供参照物，同时能成为判断团队进步的可行标准，而且为团队成员提供一个合作和共担责任的焦点。

倘若对大家的共同目标达成一致并获得承诺就不需要命令、监督，用自己的执行力去行动，是团队取得成功的关键。

作为团队的管理者，必须重视为团队成员树立共同的目标，才能更有效地开展团队工作，以达到团队协同效应。要形成团队共同目标，管理者必须从以下几个方面着手：

1. 对团队进行摸底

对团队进行摸底就是向团队成员咨询对团队整体目标的意见,这非常重要,一方面,可以让成员参与进来,使他们觉得这是自己的目标,而不是别人的目标;另一方面,可以获取成员对愿景的认识,让团队成员认清前进的方向:团队成员在未来应重点关注什么事情,团队成员能够从团队中得到什么,以及团队成员个人的特长是否在团队目标达成过程中得到有力发挥等。

2. 对获取的信息进行加工

在对团队成员进行摸底收集到相关信息以后,不要马上确定团队目标,应就成员提出的各种观点进行思考,留下一个空间——给团队和自己一个机会,慎重考虑这些被提出的观点,以缓解匆忙决定带来的不利影响。

3. 与团队成员讨论目标表述

管理者与团队成员讨论目标表述是一个起点,以成员的参与而形成最终的定稿,以便获得团队成员对目标的承诺。虽然很难,但这一步确实不能省略,因此,团队领导应运用一定的方法和技巧——比如,启发引导法:确保成员将所有观点都讲出来;找出不同意见的共同之处;辨识出隐藏在争议背后的合理性建议。从而达成团队目标共享的双赢局面。

4. 确定团队目标

通过对团队摸底和讨论,修改团队目标表述内容以反映团队的目标责任感。虽然，很难让全体成员都同意目标表述的内容，但求同存异地形成一个成员认可的、可接受的目标是重要的，这样才能获得成员对团队目标的真实承诺。

5. 对团队目标进行阶段性的分解

由于团队在运行过程中难免会遇到一些障碍，比如组织大环境对团队运行缺乏信任、成员对团队目标缺乏足够的信心等。管理者在决定团队目标后，尽可能地对团队目标进行阶段性的分解，树立一些过程中的里程碑式的目标，使团队每前进一步都能给组织以及成员带来惊喜，从而增强团队成员的成就感，为一步一步完成整体性团队目标奠定坚实的信心基础。

只有团队成员对团队愿景有了清楚、共同的认识，才能在成员心中树立成就感，才能增加在实施过程的紧迫感。同时，达成共识的团队愿景，一定能赋予成员克服障碍、激发能量的动力。

¤ 让个人目标融入团队愿景

团队愿景是一个团队努力奋斗希望达到的目标，它不仅是企业发展的方向，也是所有员工努力的目标，更是整个企业奋斗的动力。有时，我们在进行打造成功团队时，可能觉得为团队确定愿景还是相对比较容易的，但要将团队愿景灌输给团队成员并取得共识，可能就不是那么容易的事情了。

将个人目标与团队目标相连

只有把个人的力量融入群体的力量之中,才能获得强大的力量;只有将个人目标融入团队目标,才能达到 1+1>2 的效果。

培养员工对团队的归属感,让员工热爱上团队。只有每个员工都能强烈感受到自己是团队当中的一分子,他们才能把个人工作和团队目标联系在一起。

做完了自己的事情,就去看看其他人有什么需要帮忙的,怎么能玩游戏呢!

作为员工,其他员工遇到了问题,虽然不属于你直接负责的范畴,但只要和公司相关,就一定要尽自己最大的能力去协助、去帮忙,而不是事不关己高高挂起。

好的,经理。

这个项目急着完成,你平时多加一下班吧。

个人利益服从团队利益。为实现团队目标,个人需要放弃自己的一部分利益。员工要围绕团队共同的目标去奉献自我,并获取个人所得,分享荣誉。

在一个团队的发展征程中，团队的愿景就担当船帆的领航作用，它直接影响着团队这艘船的航行速度和航行距离。但若单单有船帆，掌握好了方向，而船身行驶得太慢，团队也无法驰骋在市场的海洋中。如何让团队运转跟得上团队目标，还需要船帆的配合才行。如何配合？就是将员工的个人目标融入团队愿景。

一个团队要想做到可持续发展，不仅要树立正确的发展目标，更需要员工能与团队同心同德，方向一致。比如，几匹马拉一辆车行驶，如果几匹马朝着不同的方向前进，这辆车根本就不会前进，如果步调不一致，还会导致马倒车翻。而当所有的马朝着一个方向，步调一致地奔跑时，这辆车才能快速地前进。

管理者要设法将员工个人目标融入团队目标，使个人将注意力投向公司及部门的整体业绩，而不是自己的报酬和升迁。

团队成员会存在各自不同的观点，但为了追求团队的共同愿景，各个成员求同存异并对大家的共同目标有深刻的一致性理解，如何做到这一点，对于管理者而言并不是轻松容易的事。管理者希望员工能够敬业和服从，把团队的未来当成是自己的未来；对于员工而言，他们希望得到更多的回报，满足生活的需要，实现个人的价值。但是，管理者可以引导员工将个人的目标融入团队发展的愿景中。

西点军校培养学员将个人目标融入团队目标，这是西点军校在学员训练方面的重要内容。

在西点军校巴克纳野战营，经常举行一个活动，让各组学员在几个小时之内完成组合桥梁的任务。

值得说明的是，这种活动用的组合桥，每一块桥面和梁柱都有几百千克重，要抬起一块桥面，似乎是不可能的事。

于是教官启发大家，在战场上搭建这类的组合桥多半都有具体、迫切的目标，或是恢复重要物资的运输，或是逃避敌人的追击，或是进攻歼灭敌人，这个时候桥面能否搭起来就是一个生死攸关的事情。

这个时候，同一组的学员们建立了一个共同的目标：一起搭好桥，不仅是为了集体荣誉感，也是出于战场上紧急情况的迫切感。

于是学员们把个人目标融入了团体目标，真的发挥出了最大的潜力搭好了桥。要是没有这样的生死攸关的共同目标，要激发学员的潜力，合力搬起三四百千克的大桥墩，并不是很容易的事情。

对团队而言，一个人的成功不是真正的成功，团队整体的成功才是最大的成功。管理者应当引导个人将自己的目标融入团队的愿景中。

在许多国际知名企业中，比如通用电气、宝洁等，当一批新的员工入职后，他们都需要接受相当长的一段时间的培训，并且在一段时间后还会不断地强化公司的理念。其目的就是让员工随时清楚地知道自己目前所处的位置，并且随时检查自己是否与企业的目标一致。

"能够将个人目标融入公司目标"已成为企业在招聘员工时，衡量其素质的重要指标。一个人不能把自己的个人目标融入公司的目标，很难受到管理者的青睐。

员工也应该把个人目标融入公司愿景，这样可以充分地利用团队的力量，提高自己的工作效率。那些只工作不合作，宁肯一头扎进自己的工作之中，也不愿与同事有密切交流的人，最后收获的只有低绩效的工作。很可能他们自己费了九牛二虎之力才达到工作上的突破，而通过团队的共同努力会很容易实现。只顾着个人目标，忽视将个人目标融入团队目标，很多心血很可能会白白浪费。

吴华大学毕业应聘到某公司上班。上班的第一天，他的上司就分配给他一项任务：为一家知名企业做一个广告策划案。

既然是上司亲自交代的，吴华不敢怠慢，就埋头认认真真地做了起来。他不言不语，一个人费劲地摸索了半个月，还是没有眉目。显然，这是一项让他难以独立完成的工作。但是，吴华没有去寻求合作，也没有请教同事和上司，只是一个人蛮干，甚至忽略了客户的时间要求。最后，他没有拿出一个合格的策划方案来。

吴华没有将自己的目标融入团队发展中，结果导致了失败。组织目标与个人目标融合，目的是促使组织成员更加出色高效地完成自己的工作，促使团队更加高效地运转。一旦团队成员的思想统一到组织的整体思想体系中，团队成员认同组织的目标，把个人目标和团队愿景牢牢地结合在一起，那么，工作也就不会走弯路了。

同样的工作内容和方式，融入了团队愿景，带给他们的是心态上、精神上的巨大改变，原本平凡单调的工作升华为精致的服务。

当员工的目标与企业的目标保持高度一致时，管理者自然无须为他们是否会努力工作而发愁。作为一个管理者，需要将团队与员工的共同目标结合起来，这样才能激发员工最大的积极性和工作动力。

¤ 为员工指明前进的方向

在打造成功团队的过程中，有人做过一个调查，问团队成员最需要团队领导做什么，70%以上的人回答：希望团队领导指明目标或方向；而问团队领导最需要团队成员做什么，几乎80%的人回答——希望团队成员朝着目标前进。从这里可以看出，目标在打造成功团队过程中的重要性，它是团队所有人都非常关心的事情。

值得关注的是，团队中并非每个人都有目标和方向，有很多人并不知道自己需要什么，不知道内心真正的追求。这让人不得不想起毛虫的故事。

法国博物学家让·亨利·法布尔做了一项研究，他研究某种毛虫的习性。这些毛虫在树上排成长长的队伍前进，有一条带头，其余的跟着向前爬。法布尔把一组毛虫放在一个大花盆的边上，使它们首尾相接，排成一个圆形。这些毛虫开始动了，像一个长长的游行队伍，没有头，也没有尾。法布尔在毛虫队伍旁边摆了一些食物。但这些毛虫要想吃到食物就必须解散队伍，不再一条接一条前进。

法布尔预料，毛虫最终会厌倦这种毫无用处的爬行，而转向食物，可是毛虫没有这样做。出于纯粹的本能，毛虫围着花盆边一直以同样的速度爬行了7天7夜，它们一直爬到饿死为止。

一个重视目标管理的管理者，清楚自己和自己的团队该往哪一个方向走，并能在工作中不断地带领员工实现既定目标，并朝更远的方向发展。管理者帮助员工指明前进的方向，也是一件很重要的事情。如果员工在工作中不能实现目标，对其自身、对管理者、对整个企业都会造成影响，甚至会让企业付出代价。

管理者要对员工负责，帮助每个员工实现他个人的目标。团队的成员有没有自己的前进方向，关系到他们对工作投入的热情与兴趣。如果他们的个人目标不能逐步实现，他们有理由对自己和企业的未来表示怀疑。

担任项目经理的第三个月，小陈突然发现自己这个经理相当失败：办公桌上散乱地堆放着文件，自己每天忙得焦头烂额，但进度表上显示的全是无法预期完成的工作，整个团队陷入了深深的困境。

症结究竟在哪儿呢？小陈找到团队中的几个骨干，与他们共同讨论。结果令他大吃一惊，每个人似乎都有自己的想法，然而每个人的想法又似乎很不成熟，讨论会变成了一场争吵会。小陈似乎发现了问题的所在，他说："我觉得我们最大的问题，是想法不统一。我们必须找到团队的共同目标，再依照这个目标将每个人的目标细化。"大家对小陈的建议表示赞同。半个小时后，他们确定了本月内必须完成的项目目标，并迅速进行了分工。

仅仅半个月，小陈就带领团队顺利完成了当初制订的项目计划。

管理者为员工指明个人的奋斗目标，是建立在团队目标的基础之上。基于此，管理者为员工指明了前进的方向，员工就能在执行的过程中体现自己的积极性和创造性，最终实现团队的目标。这样一来，既实现了团队的目标，也确保了员工的目标，员工因此而充满干劲，继续为团队的发展奉献自己的力量。

当把任务目标安排给员工，让他们去努力完成，管理者是不是就意味着自己自此就高枕无忧，等着收获就行了呢？自然不是这样。一个优秀的管理者，一定要注意非常重要的两个环节：一是为员工指明目标，另一个便是为员工的工作提供协助。

为员工指出前进的方向，首先需要管理者帮员工认清自己的目标。目标不能只是由管理者个人制定，而应该由管理者和员工共同拟定，至少要让员工明白自己努力的具体目标是什么。

有些管理者在分派完任务后，便忽视了对员工工作情况的关注，结果导致他们中有的人在错误的道路上越走越远，离目标也就越来越远。这就要求管理者对员工的执行过程进行一定的控制。

¤ 让梦想变得现实可行

一个团队能走多远，能取得怎样的业绩和成就，很大程度上取决于管理者的梦想有多大。优秀的企业管理者大多具备一些共同特点：建立在现实基础上的梦想是他们自己乃至团队奋进的不竭动力。

很多人不能说没有梦想，但他们抱着无所谓的态度去工作和生活。他们看起来努力工作，勤奋学习，但他们自己却不知道团队的愿景和自己的目标，因而他们的行动大部分是盲目的，他们的努力多半也成了无用功。

一个成功梦想的树立会使人的天赋得到充分的发挥，使心中的激情喷薄而出，推动着自己马不停蹄地向梦想迈进。如果梦想建立在不切实际的基础上，还不如没有梦想，因为这种梦想并不能起到激励和引导的作用，只能让自己漫无目的地四处游荡，做事拖沓低效。

许多优秀的企业家在刚开始创业时条件艰苦，却总能凝聚起优秀的人才集聚在自己的周围，而这种魅力的源泉来自追随者们相信团队的梦想终能实现。

百度刚刚创建的时候，工作、生活条件非常简陋，作为只有几名员工、在业内没有任何名气和地位的初创公司，在各种条件都非常艰苦的创业初期，该如何搭建团队，吸引人才？李彦宏所做的是给员工描绘美好的理想和远大的抱负，让员工相信在这个公司大有可为。胸怀远大理想，有执着追求、乐于艰苦创业的人才能走到一起，并且最终成就了今天的百度公司。

每个团队都应树立自己的目标，在不同的发展阶段，设定的目标也是不一样的。管理者首先要从明确企业的发展目标入手，不然极有可能带领企业走入迷途。但是，脱离实际发展的梦想容易让员工失望，唯有让员工相信企业的目标，才能最终提升团队效率。

实实在在的梦想，对员工而言就是实实在在的看得见的目标。人们都有这样的生活经验：给你一个看得见的靶子，你一步一个脚印去实现这些目标，你就会有成就感，就会更加信心百倍，向高峰挺进。

1952年7月4日清晨，世界著名的游泳好手弗洛伦丝·查德威克从卡德林那岛游向加利福尼亚海滩。她的想法并非不切实际，她曾经横渡过英吉利海峡，如果这次她成功了，她会因此再创一项纪录。

如何为团队制定共同目标

为团队制定共同目标，通常有以下三种途径：

> 好了，下面我来说一下我们下一季度的工作目标。

自上而下，由上司定，定完后下属接受。这是"控制系"领导喜欢的方式，他们不在乎下属的意见和反映，这种做法越来越没有市场。

> 李总，这是我做的我们部门下一季度的工作目标，您看一下。

> 嗯，挺好。

自下而上，下属定，定完后让领导批准。可充分发挥员工才智，提高员工积极性，有利于培养员工主人翁意识。

> 我们来讨论一下这个月的工作目标……

双方共同制定。可充分博采众长，使工作内容饱满，具有挑战性。

无论何种途径，管理者心里都应该有一个自己所希望的目标，然后充分地征求下属的意见。

这天的雾非常大，连护送的船只她都看不见。时间一小时一小时地过去，当她在冰冷的海水里泡了15个小时后，远方仍旧是雾霭茫茫，查德威克感到难以坚持，她再也游不动了。艇上的人们劝她不要向失败低头，要她再坚持一下。浓雾使她难以看到海岸，她不知道自己的目标还有多远。最后，冷得发抖、浑身湿淋淋的查德威克被拉上了小艇。

在这次挑战失败之后，她总结说，如果当时她能看到陆地，她就一定能坚持游到终点。大雾阻止了她夺取最后的胜利。事实上，妨碍她成功的是一眼望不到边的大雾，她因此无法确定具体的目标。

两个月后，查德威克又一次挑战。这一次她没有放弃，终于一口气游到了美国西海岸。

梦想要看得见、够得着，才能成为可追求的梦想，才会形成动力，帮助人们向着梦想获得自己想要的结果。管理者应该得到这样的启示：千万不要让形形色色的雾迷住了员工的眼，要让你的员工相信你的梦想。

作为一个管理者，让员工能够明确团队的愿景和自己的梦想都是可实现的，就能让员工最大限度地发挥他们的能力。很多时候，员工没有工作的动力，显得懒散无力，并不是他们不想努力，只是缺乏明确具体的梦想，让他们没了奋斗的方向，不知从何处着手。

只有定下实实在在的目标，并制定相应的行动方案，在不断的实践过程中慢慢地接近目标,才能有助于员工理解企业的期望,并获取自身发展的动力,克服一切困难,最终取得成功。

具体说来,作为管理者,如何让自己的梦想和目标变得现实可行呢?美国管理专家彼得·德鲁克1954年在其名著《管理实践》中最先提出"目标管理"的SMART原则,以下几个步骤可以借鉴:

1. S——Specific:要具体

"做一个优秀的员工",不是一个具体的目标。"学习更多管理知识"更具体一些,但还是不够具体。"学习更多财务管理知识"又更具体了一些,但是还不够具体。怎样才具体,要加上第二点:M。

2. M——Measurable:要可衡量

而要可衡量,往往需要有数字,把目标定量化。"读三本财务管理的经典著作"就更具体了,因为它有数字,可衡量。

3. A——Actionable:要化为行动

"做一个优秀的员工"不是行动,"读三本财务管理的经典著作"是行动。但是,实际上"读"还只能算是一个比较模糊的行动。怎样才算读?读了10页算不算读?匆匆翻了一遍算不算读?所以,还可以继续细化为更具体、更可衡量的行动,"读三本财务管理的经典著作,并就收获和体会写出三篇读书笔记"。

4. R——Realistic:要现实

如果你从来没有学习过财务管理的相关知识,或者从来没有写过任何一篇读书笔记，那么上面的目标对你不现实。如果你是个刚接触财务知识的基层领导，现实的目标应该是先读三篇财务管理的文章。

5.T——Time limited：要有时间限制

多长时间内读完三本书？根据你的实际情况，可以是3个月，可以是6个月。因此，加上时间限制后，这个目标最后可能变成："在未来3个月内，读三本财务管理的经典著作（每月一本），并就收获和体会写出三篇读书笔记（每月一篇）。"

¤ 使员工相信梦想并为之努力

在这个世界上有这样一个现象，那就是没有梦想的人在为有梦想的人达成目标。因为没有梦想的人就好像没有罗盘的船只，不知道前进的方向，有明确、具体的梦想的人就好像有罗盘的船只一样，有明确的方向。在茫茫大海上，没有方向的船只只有跟随着有方向的船只航行。

优秀者之所以成功的路径较之旁人更为便捷，因为他们总能找到"直线"的捷径。在努力的过程中，将预定完成的梦想作为行动方向，让他们少走了很多弯路。

管理者在行动前，就要坚定尽最大努力让员工相信梦想并为之努力。树立必胜的决心，在结果面前必须要有"一定要赢"的心态，也是团队获得重生的最强大的原始动力。团队在管理者的带领下能够走多远，在某种程度上取决于管理者。目光远大的管理者从全局出发，制定出远大的目标，让员工能看得见、够得着，激励员工勤奋努力，从而引领企业向更高远的方向发展。

沃尔玛帝国的创始人山姆·沃尔顿也为人们做出了榜样。这个商业帝国得益于他的梦想——他要为下层人们服务的梦想改变了这个世界。他当时的梦想很简单，就是希望帮助美国小镇和乡村居民过上跟大城市居民一样质量的生活。在当时，人们都忙于在市里开店，因为在小乡村开店不能挣到钱。然而，基于这样的理想，沃尔玛把超市开在了乡村，他成功了。如果没有这样伟大的初衷，他的企业就不会发展到今天的规模。但凡取得成功的人，都有一个伟大的梦想。只有伟大的梦想，才能激起无穷的力量，才能创造广阔的舞台。

作为管理者，一定要设法让员工相信梦想，唯有如此才能形成奋斗的动力。目标设置脱离了实际便成了荒诞，让员工无法接受。像这样的目标，超过了企业的现状和员工的实际能力，只会引起团队的涣散。

下班之前，看到公司内部网上关于本部门的业绩公告后，部门同事瞬间就炸开了锅。小胡把自己桌上的文件一摔，站起身来说："1000万元的单子，他以为自己是神仙啊？他定这么高的目标讨好老总，完不成挨罚的还是我们。"

"事先也不跟我们说一下，把这么高的业绩指标抛给我们，我们哪有这么大的本事。"小刘也在愤愤不平。

"我们部门这么几个人这个季度要是达到 1000 万的任务目标,那可真是太阳打西边出来了"。角落里的小叶这样说道。

"上个季度累死累活,最后也只完成了 600 万元。反正是完不成目标,也不用努力了。"即使是沉稳的老李也抱怨了起来。

原本在公告之前准备加班的人,瞬间都离开了办公室。办公室变得空空荡荡。

如果这个目标没有实现的可能,也就没有了意义。更为严重的是,它还会重挫员工在执行过程中的积极性与自信心。如果要目标对员工产生激励作用的话,那么对于员工来说,这个目标必须是可接受的、可以完成的,并且具备一定的挑战性,这样可以激发员工的工作潜力。对一个目标完成者来说,如果目标超过其能力所及的范围,则该目标最终将只会成为摆设。领导者在团队建设中的首要任务,就是为组织成员设定一个具体的、明晰的、有挑战性的目标。

一天,在百度公司的内部会议上,当时百度的竞价排名业务刚刚起步。李彦宏问大家,当年竞价排名的销售收入目标应该定多少?有人说 50 万,有人说 100 万,对于这些目标,李彦宏一直摇头。有一个人胆子最大,站起来说:"那就定到 200 万,翻它几番!"此言一出,现场的人都一片唏嘘——从前一年的 12 万一下子增长到 200 万,这个目标太有挑战性了。

但是,对于这个数字,李彦宏还是摇头。随后,他告诉大家,2002 年竞价排名的销售目标是 600 万!这个数字一出,几乎所有人都被震住了，竞价排名业务组的员工几乎都傻了——按照600万的目标，平均每天的收入得18000元，而当时每天的收入最多才2000块钱，要实现600万的目标，岂不是天方夜谭？

其实，李彦宏制定这个目标并不是天方夜谭，而是建立在科学分析的基础上。尽管除了李彦宏，其他人都无法相信能够达到这样的目标，但在李彦宏的坚持下，这个目标还是定下来了。结果，2002年12月，康佳、联想、可口可乐等国际知名企业都成了百度竞价排名的客户。当年，百度的竞价排名销售达到了580多万，基本实现了预定目标。

如果将梦想和目标比作桃子，在将目标定得太高，连跳数次仍然摘不到桃子，员工会认为努力也是白费，最终丧失信心；目标太低，无须跳就能摘到桃子，就使人们失去了努力的动力，不利于发掘潜能。所以目标太高或太低都不利于激发员工的干劲。

如何把握制定目标的"度"呢？目标需要"跳一跳"才能"够得着"。制定企业目标的时候，不能让目标过低、轻易便能实现。管理者一定要从企业长远的发展规划出发，使目标尽量高远，但不能远远超过企业可提供的条件或者员工的能力，超过可实现的范围。

作为管理者，要让团队的愿景和个人的目标都建立在切实可行的基础上，并且让员工跳起来才能触碰到它，这样的团队一定会生机勃勃。

第 2 招

物质激励：
员工无不渴望更高的收入

¤ 用高薪吸引人才

"当你给员工高薪时，你的企业成本是最低的！哪怕你只比第一、第二位的高出一点点，效果也会非常明显！"2008年1月15日，在《赢在中国》第三赛季36进12第三场节目现场，已连续两个赛季担任《赢在中国》36进12评委的史玉柱在点评11号选手时说出上述的话。

史玉柱的一席话立即博得了现场一片热烈的掌声。事实上，他是这样说的，也是这样做的。

2007年11月，巨人网络挂牌上市，交易代码为"GA"，开盘价高达18.25美元，超过发行价17.7%。在庆功宴上，史玉柱给公司员工定下两个目标，一是大力推广《巨人》游戏，二是继续保持《征途》游戏接近100万人的在线人数。史玉柱说，如果实现了这两个目标，他许诺给公司的员工每人派发一枚金

高薪激励要注意

要使金钱能够成为一种激励因素，管理者必须记住下面几件事：

> 为什么辞职，是因为工资低吗？
>
> 不，我需要的是认同和信任。

高薪的价值不一

相同的高薪，对不同收入的员工有不同的价值；同时对某些人来说，高薪总是极端重要的，而对另外一些人可能从来就不那么重要。

高薪激励必须公正

一个人对他所得的报酬是否满意不是只看其绝对值，而要进行社会比较或历史比较，通过相对比较，判断自己是否受到了公平对待，从而影响自己的情绪和工作态度。

> 李总，跟别的公司相比，我们干得比他们多，工资却比他们少，所以我们强烈要求涨工资。

> 怎么平均分的呀，这样对我们业绩好的来说，太不公平了！

个人奖金

高薪激励必须反对平均主义

平均分配等于无激励。除非员工的奖金主要是根据个人业绩来发给，否则企业尽管支付了奖金，对员工也不会有很大的激励。

币，另外是给公司所有员工加工资，一个不放过。

史玉柱是一个能不断制造奇迹的人，他的很多"惊世骇俗"的言论常常引起人们的争议。史玉柱作过细致的分析："当你给员工高薪时，表面上看仿佛增加了企业成本，实际不然。我这些年试过了各种方法，高薪、低薪，但最后发现，高薪是最能激发员工工作热情的，也是企业成本最低的一种方式。"

自从珠海巨人集团时代，史玉柱一直实行军事化管理，后来他渐渐明白一个道理：大多数员工的使命是打工挣钱，养家糊口。虽然军人有对国家和民族效忠的义务，但员工没有对老板效忠的义务。

史玉柱说："能者多得，只要能为巨人作出贡献，不拒绝索取，要在巨人内部培养一批富翁。"

后来，做网游时，史玉柱用的是同样的激励方式，他说："游戏团队的薪水我不管，由管理层定，工资是一事一议，开多少钱评估一下，值得就给，不受任何等级限制。"

史玉柱这样的做法，会让研发人员感觉到，巨人网络给他们的报酬绝对在整个行业居于前列。在《征途》开发的过程中，史玉柱出手颇为大方，给整个研发团队开出了很高的工资。

薪酬激励并非盲目地给员工高薪，能否有效地运用好这一措施，使员工发挥最大的工作效能，才是最关键的。比如，史玉柱给《征途》的研发人员高薪，可以很容易地保留重点员工和业务骨干，这种做法对于高科技公司非常有效。在这个行业，通常80%的业绩是由20%的精英完成的，少数骨干决定了公司的发展。研发人员正是网游公司的灵魂。

将薪酬奖励与内在激励机制良好地结合起来，就会为企业带来更好的效益。尽管薪酬并非激励员工的唯一手段，也不是最好的方法，但它是一个非常重要、最容易被运用的手段。

相对于内在激励，企业管理者更容易运用薪酬激励的方法，而且也较容易衡量其使用效果。

¤ 让利益与效益挂钩

一家公司老总在企业管理中碰到一个头痛的问题：公司配备给员工的装修工具总是不够，不仅丢失率高，而且工具损坏率也高，既影响工作的开展，同时公司也为此支付了高昂的费用。

为此公司想了很多办法来解决问题，包括工具借用登记，检查和维修，公司想通过严格的监督程序来规范工人的工作态度，可惜每次都不了了之，浪费了公司大量人力和物力，但是问题从未被解决过。

最后公司采用一套新的工具管理制度，即工程队和员工可以自己购买电动工具，所有权归购买人，费用由公司和个人各出一半！员工反应积极，经过半年的试运营，实施效果良好，工具丢失和损坏的情况有了很大改善，工具使用效率也得到相当程度的提高！

经过半年的试验，有近一半的员工都购买了自己的工具。公司在此基础上，进一步做出决定：电动工具由工人自己购买，然后公司每日补贴1元，所有权仍归个人所有，从此以后公司电动工具的使用情况出乎意料的好。

人们只对对自己有利的东西负责任，一旦把公司利益与个人利益联系起来，公司利益就会得到保证。这是一条重要的管理经验。

员工利益应与企业经营状况挂钩。两者的关系应该成正比，即经营状况不好，不能多发奖励；经营状况好，则不应少发奖励。给员工提供相应的奖励计划，将会给员工们添加活力，并且使企业的凝聚力增加，竞争力提高；反之，如果没有相关的奖励计划，则会损耗企业的竞争力。

让员工感觉到个人利益和企业利益是一致的，必须和企业同甘苦、共命运。只有通过大家努力，企业效益上去了，个人才会得益。

有一家外资企业，经营状况相当好，年度创利大增，而且还有不少新的拓展计划，但是在年终发红包时，总额比上年减少一半。据说是年终银根紧，方方面面都要结账，新的拓展计划又占用了不少资金，所以要求大家咬牙关。当"红包"发下去以后，员工们反应很强烈，他们直观地认为"经营越好、奖金越少""企业越发展、员工越倒霉"。这一减少，离散了员工和企业的关系，大家马上产生一系列想法：还要不要努力工作？是不是该跳槽了？结果，该企业春节后不少员工在外面找工作，仅一个月内销售部就有4名员工辞职。

奖金数额要有一个合理标准。公平，并不意味着不分职位都一样。在企业中职位有高有低，这是企业赖以正常运作的组织结构所定。职位的高低，取决于个人能力及对企业的作用大小，由此在企业中权力和所负的责任也不一样。企业视职位高低给以不同的报酬，这是公平的，也是大家所认同的。"搞导弹的不如卖茶叶蛋"的错误，再也不能重复了。这也是企业的价值观之一。

有一个企业的老总，让财务总监作一个"红包"发放方案，结果搞出一个不分职位的平均奖。并且公平到以出勤天数计算，让所有员工出乎意料地和主管、经理们平等了一次，这在员工中自然是一片叫好之声。但是主管、经理们都目瞪口呆，搞不清是怎么回事，企业的价值观由此被毁。后来企业遭遇危机，中层干部有的推卸责任，有的隔岸观火，只剩下老总带着二三个亲信东奔西走，到处救火，叫苦不迭。

无疑，让下属充满干劲，一定要采用利益与效益挂钩的方式。"世界第一CEO"杰克·韦奇说："我的经营理论是要让每个人都能感觉到自己的贡献，这种贡献看得见、摸得着，还能数得清。"

著名的思科公司非常重视用奖励机制来留下人才。在设置薪酬时，思科会进行全面的市场调查，确定员工的底薪不是业界最高的，这样，既不会造成企业运营成本过高，也不会因低于行业标准而影响员工的积极性。

调动员工更高积极性的是思科丰富多样的奖金，思科希望员工的收入能够与其业绩更多地挂钩，于是他们以奖金来激励员工。思科的薪酬设置大约分为3部分：销售奖金（销售人员）、公司整体业绩奖金（非销售人员）、期权（全体员工）。

思科还设有名为"CAP"的现金奖励，金额从250～1000美元不等。一个具有杰出贡献的思科员工，可以由提名来争取奖励。一旦确认，这名员工就可以及时拿到这笔现金奖励。另外，每季度的部门最佳员工都会有国内旅游的机会。

当员工完成了某项工作时，最需要得到的是相应的肯定。所以，作为领导不要吝啬，让员工的利益与效益挂钩，就能激励员工随时处于亢奋状态，做起事来事半功倍。

¤ 提升效率工资的比重

汽车大王亨利·福特对企业经营有一套自己的方法。20世纪初的美国，企业最大的问题之一是工人怠工现象严重。尽管有工头在监工，而且处罚严重，一旦发现怠工马上开除。但工人多，工头少，工人怠工的手段千奇百怪，总是防不胜防。这时，福特发明了自动装配流水线。这种新的生产工艺，无疑可以大大降低成本，提高生产效率。如果工人仍然怠工，自动装配流水线不能正常运行，提高效率也是不可能的事。福特绞尽脑汁想找出一种消除工人怠工的方法。监督是难以奏效的，为什么不换一个角度呢？于是福特在1914年宣布，把福特汽车公司工人每天的工资由2.34美元提高到5美元。

2.34美元是当时汽车工人的市场工资，即由劳动市场上供求关系自发决定的工资水平。在这种工资水平下，企业可以雇用到自己需要的工人，工人可以找到工作。5美元高于市场工资，称为效率工资，意思是这种高工资能够带来更高的效率。

我们不妨看看效率工资究竟如何能带来高效率呢？

首先，这种工资能吸引最好的工人。在实行2.34美元的市场工资时，可以招到所需要的工人数量，但不能保证工人的质量。市场上汽车工人的素质并不一样，对工资的最低要求也不同。职业道德好、技术水平高、身体强壮的工人要求的最低工资要高一些，比如说，每天4美元；职业道德差、技术水平低、身体不强壮的工人要求的最低工资低，比如说每天2美元。当实行每天2.34美元的工资标准时，素质好的工人不来应聘，来的都是素质差的工人。但在实行每天5美元的工资标准时，素质好与不好的工人都会来应聘。只要用一个简单的测试，就可以把好工人留下。福特公司采用这种效率工资的确吸引了全国各地优秀的汽车工人来应聘。

其次，实行效率工资时，工人自动消除了怠工。工人是否消极怠工取决于付出与收益的关系。在每天2.34美元的工资时，尽管怠工被发现有被开除的风险，但开除并不怕，无非是换一家工厂，再找份同样工资水平的工作而已。开除对工人来说成本几乎为零，在这种情况下，工头再多，处罚再严也是没有作用的。但福特公司支付每天5美元的工资时，如果被这家公司开除，在其他企业就找不到工资如此之高的工作，这时被开除的风险成本就增加了，任何一个理性的人当然就不会怠工，并积极工作以能保持这个金饭碗了。

最后，实行效率工资后，减少了优秀工人的流动性。一般新进厂的工人需要一些必要的培训，以适应本企业的生产特点。培训是有成本的，工人流动性大，增加了培训成本，尤其是一些熟练工人的离去对企业的损失更大。但在市场经济中，工人有自由流动的权力。工人很可能由于各种原因而流动，例如家搬到了离企业远的地方，与工头或其他同事关系不和谐，或者仅仅是工资比较低。但当实行效率工资时，流动会使自己失去获得高工资的机会，流动性就大大减少了。

毫无疑问，福特公司深谙效率工资的重要性，而福特公司所招的人工作勤奋且流动性小。在这种条件下，自动流水装配线充分发挥出效率，汽车成本大大下降，价格下降，成为美国的品牌企业。

如今，东南沿海所谓"民工荒"的原因并不是劳动力供给短缺，而是效率工资相对中西部已不具备优势。我国有3/4以上的农民，越来越多的农民工正在进入城市转变为产业工人。在相当时间内劳动力不会短缺。许多企业招不到工人,不是市场上劳动供给少,而是企业支付的工资太低。

不过,管理者在运用效率工资时,要注意以下几点:

一是效率工资针对的是一般人才。用监督惩罚的那种方法对待团队内的所有人,吃亏的最终是企业自己。给团队成员高工资其实是双赢的,当年的亨利·福特如此,今天按这个原则办的任何人都如此。依靠压低工资降低成本来进行价格竞争,仅仅是企业刚刚开始起步时不得不采用的方法。如果不通过提高工资、提高工人技术水平和提高效率来发展,企业的低成本之路不会走的长远,因为任何优秀的工人也不会拿着低工资在这个企业一直工作下去。

二是效率工资是相对而言的。如果企业随整个社会工资水平提高而提高工资水平,并不是效率工资。效率工资是相对高于本地区、本行业市场工资的工资水平。要维持这种工资水平必须以工资换效率为前提。

三是效率工资不仅指名义工资水平,还包括其他福利及工作条件。比如,尽管你与本地区、本行业的工资水平一样,但如果给员工的福利更好,工作条件更优越,或者向员工提供培训与学习的机会,都可以作为实现效率工资的方式。要把工资理解为广义的收入和工作条件,不要仅仅理解为货币工资。

实际上,实行效率工资对企业和员工来说是一种合作双赢的博弈:员工获得了更多的收入,从而激发了更高的工作热情,而企业也获得了永续发展的动力。

¤ 以股份激励人才

晋商主要经营盐业、票号等商业，是我国历史上最著名的商帮之一。

晋商中有一个人叫雷履泰，他创办的票号"日升昌"以"汇通天下"而著称于世。"日升昌"年汇兑白银100万两至3800万两，历经100余年，累计创收白银1500万两。清朝道光年间，晋商以票号业开始迈向事业的顶峰。从1823年"日升昌"诞生到辛亥革命后票号衰落的近百年期间，票号经手汇兑的银两达十几亿两，其间没有发生过内部人卷款逃跑、贪污等事件。

这种奇迹的发生得益于晋商票号的分享制，晋商票号中员工的待遇相当好。一是实行供给制，所有员工吃住都在票号内，本地员工节假日可回家，驻外员工也有不同的假期。在票号内的吃住以及回家旅费都由票号承担。此外，每个员工的收入包括两方面，一是每年养家用的工资，出徒之后就可享有，一般为70两左右；二是分红，这就是票号中独具特色的身股制。

票号实行股份制，东家所出的资本称为"银股"。拥有银股者是票号的所有者，他们决定大掌柜的任用，并承担经营的全部风险。经营者拥有的是"身股"，这种股不用出钱，当员工工作一定时间后，就可以开始享有身股。

股权激励的优点

要使金钱能够成为一种激励因素,管理者必须记住下面几件事:

再加把劲努力工作,就能获得股权奖金了!

股权激励

1. 激励作用

用股权将被激励者的利益与公司的利益紧紧地绑在一起,使其能够积极、自觉地为实现公司利益的最大化而努力工作,并最大限度地降低监督成本。

2. 改善员工福利作用

有利于增加员工收入,增加员工对公司的凝聚力和向心力。

股权 工作

3. 稳定员工作用

有利于减少优秀员工的流动率,使其不能随意去留。

按身股制，票号的员工可以分到多少钱？据资料记载，在每个账期（4年）内，高者可达到1700两银子，低者也有200～300两银子。如大掌柜有10厘身股，每4年可以分到10000两银子左右。

身股制可以说是创造票号辉煌的动力所在。身股是分红的标准，这种激励机制针对所有员工，其作用是把所有员工的个人利益与企业的整体利益联系在一起，让员工树立一种"企业兴、员工富"的观念，从而为企业的整体兴旺而奋斗。这种分享制不同于平均主义的大锅饭，每个人分红的多少取决于对企业的贡献。职务不同，承担的工作不同，责任不同，贡献也不同，体现了按业绩分配的激励原则。

其实，员工持股又称为员工配股计划，是一种常见的激励方式。其目的就是让员工在观念上改变身份，并通过股份分红或股票增值来分享企业成长所带来的好处。当员工持有股份时，他们的身份就变了。企业的兴衰不仅决定他们的收入，还决定他们手中股票的价值。对于员工来讲，他们仅仅是作为雇员为企业工作，领取工资，不满意或另有高就可以随时离开，员工对企业的关心度就不言而喻了。当员工成为股东以后，企业就是他们的事业。因此，对员工而言，持股是一种有效的激励。

身股制是分享制的一种形式。分享制就是全员参与分红，身股是分红的标准。这种激励机制针对的是所有员工。"二战"后，日本企业普遍采用了这种分享制。这是日本企业成为世界上效率最高的企业的重要原因之一，也对日本经济振兴做出了贡献。

这种管理模式有很多优点，员工积极性高、责任心强。如果增加了用工成本，影响了工作效率，都会影响收入分配。传统的员工分享制度是年终企业给雇员分红，现代分享制度除了分红之外，还包括雇员有权购买企业的股票，拥有企业股权，甚至还有的雇主向雇员提供虚拟的股份，被称之为"幻影股份计划"，其目的是激励雇员创造最佳工作业绩。

当然，以股份激励人才，其成功与否还取决于环境，管理者应该从企业的实际出发。

¤ 灵活发放奖金

奖金对于员工的激励作用无需赘述，但是奖金的发放如果能灵活把握，就能增加激励的效果了。

让我们来看一个关于奖金发放的故事。

日本三得利公司董事长信志郎是一个善于激励员工的人，他的一些出人意料的激励方式常常让员工们感到十分愉快。

他把员工一个个叫到董事长办公室发奖金，常常在员工答礼完毕，正要退出的时候，他叫住道：

"请稍等一下，这是给你母亲的礼物。"

说着，他就给员工一个红包。

待员工表示感谢,又准备退出去的时候,他又叫住道:

"这是给你太太的礼物。"

连拿两份礼物,或者说拿到了两个意料之外的红包,员工心里肯定是很高兴的,鞠躬致谢,最后准备退出办公室的时候,接着又听到董事长大喊:

"我忘了,还有一份是给你孩子的礼物。"

第三个意料之外的红包又递了过来。

真不嫌麻烦,四个红包合成一个不就得了吗?

可是,合在一起,员工会有意外之喜吗?

信志郎真是太厉害了,他并没有多花一分钱,就赢得了员工的心。

在企业管理中,要采用必然与偶然两种技巧相结合的方式,更能体现激励的艺术。优秀的管理者懂得利用意外之喜激励员工,激发员工的工作积极性。

事先约定的丰厚奖励,员工当然会全力争取,但在目标日益临近的时候,可能会让员工失去激情,因为他已经视奖励为应得的。期待意外奖励的心情和得到意外收获的感受都会让员工铭刻心灵。

任何人做事之前都对事情的结果有自己的期待,比如员工在辛苦了一年之后,临近年终时就会估算自己能拿多少年终奖。如果预期自己能拿1万元,但结果自己拿到了2万元,这种意外之喜无疑会激励自己来年更加努力。如果预期自己能拿1万元，但自己只拿到了5000元，肯定对企业有诸多怨言。

曾经蒸蒸日上的"塑料大王"梅布尔，经营的一家塑料生产公司在1998年业绩大幅滑落。由于员工们意识到经济不景气，这一年干得比以前更卖力。马上到年底了，按往年惯例，年终奖金最少加发两个月，多的时候，甚至再加倍。然而今年惨了，财务算来算去，顶多够发一个月的奖金。总经理李特隆看到这种情况后焦急万分，他知道员工今年的工作激情比任何一年都要高。如果按以前的标准发放年终奖的话，势必会给企业留下重大的创伤；如果不那样做的话，又怕使员工的士气大败，这样给企业造成的损失将更大。怎么办？如何给员工一份满意的薪酬？

李特隆请远在马来西亚的董事长梅布尔一起商讨如何解决这个问题。董事长梅布尔听完总经理的介绍后，形象地说道："每年的发红包就好像给孩子糖吃，每次都抓一大把，现在突然改成两颗，小孩一定会吵。"聪明的总经理突然灵机一动，想起小时候到店里买糖，他总喜欢找同一个店员，因为别的店员都先抓一大把拿去称，再一颗一颗往回扣。那个店员则每次都抓不足重量，然后一颗一颗往上加，这样使得李特隆很满意。于是，董事长和总经理为设计出员工满意的薪酬策略，达成了共识。

几天后，公司下达了一个决策：由于营业不佳，年底要裁员。顿时公司内人心惶惶，每个人都在猜会不会是自己。最基层的员工想："一定由下面杀起。"高层主管则想："我的薪水最高，只怕从我开刀！"但是，没过几天，总经理就宣布："公司虽然艰苦，但我们不能没有你们，无论有多少困难，公司都愿意和你们一起渡过难关，只是年终奖金就不可能发了。"听说不裁员，人人都放下心头的一块大石头，早压过了没有年终奖金的失落。

除夕将至，员工看着别的公司的员工纷纷拿到了年终奖金，多少有点遗憾。突然，董事长召集高层领导紧急会议。看领导们匆匆开会的样子，员工们面面相觑，心里都有点儿七上八下：难道又要裁员了吗？

没过几分钟，各级领导们纷纷冲进自己的办公室，兴奋地高喊着："有了！有了！还是有年终奖金，整整一个月，马上发下来，让大家过个好年！"整个公司沸腾了，员工为了满意的年终奖而高呼，很多员工都主动要求过节期间加班。一次"满意"的薪酬激励，终于换来了第二年的发展。

可见，用奖励的方法激励下属办事是非常有用的。当然，这种策略最好是用在公司运营不佳的时候，否则公司赚得盆满钵满，再用这种方法来激励下属，就只能适得其反。

对管理者而言，宁愿在承诺的时候将"支票"开低一点，等最终兑现的时候，会让员工有意外之喜。最忌讳在承诺时乱开支票，等到兑现时却让员工失望，最终打击员工的积极性。

第3招

晋升激励：
给员工提供不断攀升的梯子

¤ 让每个人都看到晋升的希望

什么是晋升激励？晋升激励就是企业管理者将员工从低一级的职位提升到新的更高的职位，同时赋予与新职位一致的责、权、利的过程。晋升是企业一种重要的激励措施。企业职位晋升制度有两大功能，一是选拔优秀人才，二是激励现有员工的工作积极性。

提拔优秀人才，不仅可以激励员工的士气，也是留住员工的一种有效方式。在一个单位内部，必然存在管理的层级，每个层级的职位不是固定不变的，要让员工看到晋升的可能，这样才能有奋斗的动力。

对于员工来说，晋升不仅仅意味着薪金的提升，更主要地在于责任的承担，意味着他们的理想和抱负更容易施展，能在更大的平台上奋斗，也更能获得自我实现的满足感。当然，提

让员工看到晋升的希望

> 公司准备提拔个销售经理,到年底,谁业绩最好,就提升谁!

> 为了当上经理,我一定要好好工作。

提拔晋升优秀人才,不仅可以激励员工的士气,也是留住员工的一种有效方式。因此,要让员工看到晋升的可能,这样才能有奋斗的动力。

对于员工来说,晋升不仅仅意味着薪金的提升,更主要在于责任的承担,意味着他们的理想和抱负更容易施展,能在更大的平台上奋斗,也更能获得自我实现的满足感。

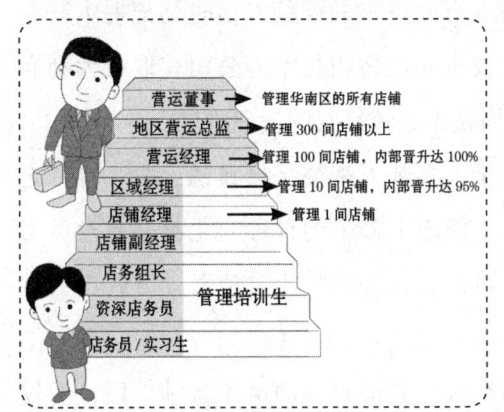

> 谢谢领导的信任,我一定会带领生产部更上一个台阶的。

> 公司决定晋升你为生产部总监。

- 营运董事 → 管理华南区的所有店铺
- 地区营运总监 → 管理300间店铺以上
- 营运经理 → 管理100间店铺,内部晋升达100%
- 区域经理 → 管理10间店铺,内部晋升达95%
- 店铺经理 → 管理1间店铺
- 店铺副经理
- 店务组长
- 资深店务员 —— 管理培训生
- 店务员/实习生

建立了晋升的阶梯,就为员工的职业生涯打通了道路。这样,员工就可以目标明确地通过努力不断地得到晋升。

第3招 晋升激励:给员工提供不断攀升的梯子 039

供晋升的机会是少的，必须通过努力才能实现晋升，而这种晋升的希望就能激励员工努力工作，朝着晋升的方向努力。

建立了晋升的阶梯，就为员工的职业生涯打通了道路。这样，员工就可以目标明确地通过努力不断地得到晋升。就像一潭水一样，水还是这么多水，如果你让它不断地旋转、流动，哪怕在内部流动，这个水就是活水。同样，通过绩效考核、能力考核和不断的晋升，员工就可以被激活，他们就能够不断地提高自己的业绩，提升自己的能力，企业也因此而得到持续的发展的机会。

因此，给员工提供晋升的机会，是激励员工上进的重要策略。

微软在发展初期就十分重视员工的晋升渠道问题。如何让技术人员持续发光发热，比尔·盖茨提升技术过硬的员工担任经理职务。这一政策的结果也使微软获得了比其他众多软件公司别具一格的优越性。

微软的管理者既是本行业技术的佼佼者，时刻把握本产业技术脉搏，同时又能把技术和如何用技术为公司获取最大利润相结合，形成了一支既懂技术又善经营的管理阶层。

实践证明，晋升对于大多数人来说是极具诱惑力。晋升之后在地位、身份、收入、能力上带来的种种变化都是激发员工努力工作的基本动力，可以说，晋升是比其他激励方式更为有效的激励方式。

通常大家都把名和利认为是最有效的员工激励手段，而权力正好介于两者之间，有了权力也就意味着会得到名利。在员工职业晋升体系中，员工晋升到更高一级职位，就表明其权力范围更大一些，所以很多员工都愿意为了权利而奋斗、努力。

一般情况下，人们对工作成果中凝结的个人贡献体验越强烈，成就感就越强烈，成就需要的满足程度也就越大。因此，员工职业晋升体系可以让员工在持续的职位晋升中极大地激发员工的成就动机，从而满足员工的成就需要。

当然，要提拔有能力的员工，最大限度地发挥员工的能力，为每一个员工都提供晋升的机会，不断地挖掘每个员工的潜能，重视员工的晋升，会有利于员工激励工作。

¤ 让晋升满足"欲望"

很多企业都容易面临这样的问题：优秀员工的积极性不高，充分的潜能没有发挥出来，团队的预期目标很难达到。这时候，便需要管理者通过因势利导，提高优秀员工的积极性，晋升就是重要的激励手段。

人活着就有欲望，欲望的意思就是"想要"。马斯诺认为任何人的欲望都分为五个层次，即生理需要、安全需要、社交需要、尊重需要与自我实现需要。人的欲望是无止境的，人的需要也是从低到高依次实现。

理解了这一点，我们就可以好好反省至今为止的一些管理方法和管理手段，就可以发现晋升是非常有效的手段。

　　作为管理者，你要充分挖掘优秀员工的潜质，发挥他们的聪明才智、创造力，激发他们的好奇心。事实将证明你的付出是值得的，这些发掘出的潜质将在未来很长一段时间不断得以发展、巩固，并激励员工不断向前。

　　激发员工的动力，本质上就是激发员工的"欲望"。通过晋升员工，可以充分满足员工的以下欲望：

　　第一，占有欲。一个人拥有多少东西，已经成为其个人价值的首要尺度。占有不只限于物质的拥有，心理占有可能比物质占有更重要。员工希望"占有"他们的工作，他们希望有这样的感觉：自己对这份工作或者某个大项目负有责任。为此他们愿意工作很长时间或者接受较低的工资待遇。但是在工作场所，我们很少尝试去满足员工的这些潜在占有欲。

　　第二，权力欲。权力欲在人性之中也是根深蒂固的，人们希望自己选择，渴望掌控自己的命运。公司通过向员工"授权"，就可以释放出员工巨大的工作动力。

　　第三，社交欲。每个人都有与别人互动和交往的欲望。工作占据了一个人人生中最重要的阶段和大部分时间，工作场所是员工社会交往的主要场所。因此，在组织中构建和谐的团队，形成人和人之间相互支持和帮助的关系，增强员工对自身社会身份的认同感和归属感，是激励员工的重要途径。

　　第四，能力欲。人一出生就有能力欲，它是最基本的人类欲望，人类的生存依赖于能力，能力处于自尊的核心，人生中没有哪种感觉比获得能力更好了。拥有能力是一种深刻而持久的欲望。所有员工都希望在工作中获得更多能力，企业要为员工创造这样一种能够不断学习和成长的环境。

第五，成就欲。成就欲处于工作中的核心地位。从成就获得的最终满足是骄傲，或者是完成工作之后的充实感。如果员工在工作中能够获得成就感，那么任何外部的奖励都是没有必要的，甚至有时外部的奖励还会减少成就感所带来的快乐。

第六，被认可欲。每个人都希望被别人赞赏和理解，希望因为他们的优点和贡献而受到认可。得不到足够认可的员工，会变得郁闷和消极。获得职务上的晋升，无疑是最有效的被认可方式。

¤ 把晋升转化为持久的激励

在一个团队内部，晋升的岗位是有限的，在公平竞争的氛围下，每个人都有晋升的希望，这样晋升就转化为持久的不确定的激励。

有些管理者发现，优秀的员工也有可能会原地踏步，这是因为当看不到自己工作上的成就感和自己的发展空间时，自己可能就陷入了长期空转的境地。

制定有效的晋升制度，让出色的员工适时得到提拔，可以满足员工的心理需要，并且让他感觉到上司对他的信任，从而忠于所在企业，死心塌地地为所在公司贡献力量。

日本企业界权威富山芳雄曾经亲身经历过这样一件事：

日本某设备工业企业材料部有位名叫P君的优秀股长，因为精明强干，上司交给他很多工作。P君工作积极、人品好，深受周围同事的好评，富山芳雄也认为他是很有前途的。

但是，10年之后，当富山芳雄再次到这家企业时，竟发现P君判若两人。原以为P君跟10年前相比一定有很大变化。谁知他还是个员工，并且留给人的是一副厌世者的形象。

对这一情况，富山芳雄感到很惊异，他经过调查了解才明白事情的真相。原来10年中，他的上司换了三任，最初的上司因为P君精明强干，且是个靠得住的人物，丝毫没有让他调动的想法。第二任上司在走马上任时，人事部门曾经提出调动提升P君的建议，然而，新任上司不同意马上调走他，经过三个月的考虑，他答复人事部门，P君是工作主力，如果把他调走，势必要给自己的工作带来很大的困难。就这样，哪任上司都不肯放他走，P君只好长期被迫做同样的工作，提升之事只能不了了之，他最初似乎没有什么想不通的，干得也不错。

然而，随着时间的推移，他逐渐变得主观、傲慢、固执，根本听不进他人的意见和见解，加之他对工作了如指掌，于是对其他人的意见也不肯听。结果他的同事谁也不愿意在他身边长久干下去，纷纷要求调走。而上司却认为，他虽然工作内行，堪称专家，却不适合担任更高一级的职务。

就这样，P君最终被调离了第一线的指挥系统。

怎样才能让员工保持对工作的兴趣呢，晋升肯定是最有效的方式之一。如果不给员工任何晋升的机会，员工的感觉可能是你不信任他，不放心他，怀疑他的能力，他肯定是不会尽心竭力去工作的。

让出色的员工适时地得到提拔，这是对员工能力的肯定和赞许，相信这也会给员工以更大的发展空间。晋升满足了员工的心理需要，并且让他感觉到上级对他的信任，从而忠于所在企业。

要让员工相信，通过自己的努力能不断晋升，让他看到晋升的希望。一般来说，资历和能力是企业管理者做出晋升决策的基本依据。但是晋升不能只考虑资历，这样就将晋升的不确定性转化为确定性，并且对努力的员工来说也有失公平。可以从技能、知识、态度、行为、绩效表现、产出、才干等方面进行衡量，遇到合适的岗位遵循一定的晋升机制来执行，这样就能将晋升转化为一种持久的激励，有效激发员工的积极性。

员工总是希望被晋升，但现实情况不可能满足每个人的晋升愿望，所以最为关键的是建立公平合理的晋升机制，让每个人都有晋升的可能性。不公正、不公平的晋升可能会引起员工的猜疑和抵触，使得企业的正常运作被打断，让企业的效率低下。公平合理的晋升体制能有效激励员工，而员工晋升后也会以自己的努力回报单位。

¤ 建立良好的晋升机制

百度公司董事长李彦宏说:"为员工提供晋升机会,可以促进员工提升个人素质和能力,充分调动全体员工的主动性和积极性,并在公司内部营造公平、公正、公开的竞争机制,但在提供晋升机会的同时,要注意规范公司员工的晋升、晋级工作流程。"

晋升机制是对团队管理者和员工的一种良好激励,实施得好,能形成良好激励氛围,提升个人和团队的业绩,留住企业的优秀员工。

将企业内部业绩突出和能力较高的员工加以晋升是一种十分常见的激励方式。这种方式提供的激励包括工资和地位的上升、待遇的改善、名誉的提高以及进一步晋升或外部选择机会的增加。晋升提供的激励是长期的,这样可以鼓励企业员工长期为企业效力。

人都有交往和受到尊重的需要,头衔往往有利于满足这种需要。因此,晋升体系要充分地应用这一工具。

某公司是一家生产电信产品的公司。在创业初期,依靠一批志同道合的朋友,大家不怕苦不怕累,从早到晚拼命干。公司发展迅速,几年之后,员工由原来的十几人发展到几百人,业务收入由原来的每月十来万发展到每月上千万。企业大了,人也多了，但公司领导明显感觉到，大家的工作积极性越来越低，也越来越计较。

他想，公司发展了，应该考虑提高员工的待遇，一方面是对老员工为公司辛勤工作的回报，另一方面是吸引高素质人才加盟公司的需要。为此，这家公司重新制定了报酬制度，大幅度提高了员工的工资，并且对办公环境进行了重新装修。

高薪的效果立竿见影，这家公司很快就聚集了一大批有才华、有能力的人。所有的员工都很满意，大家的热情高，工作十分卖力，公司的精神面貌也焕然一新。但这种好势头不到两个月，大家又慢慢回复到懒洋洋、慢吞吞的工作状态。

这家公司的高工资没有换来员工工作的高效率，公司领导陷入两难的困惑境地，既苦恼，又彷徨，却又不知所措。

很多企业把钱作为唯一的激励手段，在一些老板的意识里，花高价钱就能打动人才的心。实际上，我们也要注重人才的精神需求。当物质充足了，人才要求被尊重、独立决策的精神需求就增强了。头衔的改变就是最直接的精神奖励。

现代企业都很重视对员工的晋升，但实施得不好就会破坏团队气氛，影响员工工作情绪，并有可能产生破坏性工作。比如人才职位晋升后，却无法胜任新岗位的工作，工作绩效下降了；或者人才职位晋升后，发现没有合适的人来顶替原来的岗位工作。就说明了企业对人才晋升的机制没有做好，那么企业应如何设定有效的人才晋升机制呢？看看松下公司给我们的启示。

晋升模式

"小王的能力非常强,从今天起,他就是你们的部门主管了!"

按工作表现晋升

工作表现好、工作能力突出,是员工晋升的最主要原因。

按投入程度晋升

当一名员工能约法守时,按规定着装,遵守企业的一切规章和制度,能配合上级将工作进行得井井有条,非常出色,那么必定会受到上级的赏识。

"老李上班时间穿衣服这么随便,看来工作也不严谨,不能让他升职。"

"老王资历高,能力强,他升职,我服!"

按年资晋升

按年资晋升这在表面上是只看资历,实际上是资历与能力相结合,在获得可晋升的资历之后,究竟能否晋升,完全依据对其工作的考核。这种制度承认员工经验的价值,给予大家平等竞争的机会。

松下总裁松下幸之助有句名言说松下首先是制造人才的企业，然后才是制造电器。松下完备的晋升制度里尤其注重4点：

（1）资质审查。晋升者资质审查和接替岗培养资质审查。确保晋升者有能力完成更高的岗位工作，同时也保障后来者有能力顶替上来。

（2）晋升培训。员工或管理者要想晋升，必须接受系统化的培训，只有通过培训考核合格才能上岗。

（3）晋升周期。除特殊情况外，一般管理者晋升都必须岗位工作满一年后，才可以晋升，同时晋升后考察期必须在1~3个月。

（4）责、权、利的统一。晋升到新岗位后，岗位职责不一样、权限不一样，报酬不一样，充分考虑对晋升者的激励。另外，职位的晋升也同薪酬做了有效的匹配，确保激励有效。

松下完整的人才晋升链条确保了人才晋升前后工作绩效的提升，让人才发挥最大潜能。

现代企业应建立晋升机制，引入适度竞争。如果企业工作效率低，可在短期提拔几位精英人才，让员工感觉到差距的存在，同时让他们产生危机感，如果落后就有可能失去工作。以此消除员工的惰性，激发企业内部活力。

值得注意的是，管理者在制定晋升规则时还要注意以下4点：

（1）"阶梯晋升"和"破格提拔"相结合。"阶梯晋升"是对大多数员工而言。这种晋升的方法可避免盲目性，准确度高，便于激励多数员工。但对非常之才、特殊之才则应破格提拔，使稀有的杰出人才不致流失。

（2）机会均等。人力资源经理要使员工都有晋升之路，即对管理人员要实行公开招聘，公平竞争，唯才是举，不唯学历，不唯资历，只有这样才能真正激发员工的上进心。

（3）德才兼备，德和才二者不可偏废。企业不能打着"用能人"的旗号，重用和晋升一些才高德寡的员工，这样做势必会在员工中造成不良影响，从而打击员工的积极性。因此，企业经营者对第一点提到的"破格提拔"要特别小心，破格提拔的一定是具有特殊才能的公司不可或缺的人才，他的德才要能服众。避免其他员工对晋升产生"暗箱操作"或者遭遇"潜规则"的误会。

（4）建立人才储备库。企业人力资源部门应定期统计分析公司各单位的人员结构，为团队建立人才储备库。依据员工绩效考核结果和日常考察情况，筛选出各层级的核心、优秀、后备人才，对各专业、各层次的人才做到有计划开发，适当储备，合理流动，量才使用，并以此指导公司的培训、引才、留才的工作。

¤ 保证优秀员工能顺利"晋级"

经常用升迁的办法来奖励员工，并不是容易做到的事。员工相对于升迁的职位，永远只可能"僧多粥少"，那么晋升谁才能起到最大的激励效果，这是管理者需要考虑的问题。

管理者如果碰到这样的问题应该如何回答呢？你准备提一个部门经理，有两个人可以选择，一个是公司的资深老员工，来公司的时间最长、资历最老、但工作能力一般，一个是公司的新人，来公司的时间只有三年，但工作能力出众，你究竟会选择谁呢？也许碰到这样的问题，没有统一的答案，在他们看来都有坚持自己选择的理由。

不过，管理者必须明确，唯有大胆地使用能力突出的员工，让他们顺利"晋级"，才能激励优秀的员工。

麦当劳作为世界上最大的快餐品牌之一，它的内部的晋升体制是公平合理的，每个人都能获得持续晋升的可能。每个进入麦当劳的年轻人，不论他有什么学历，都要从最基本的琐碎工作开始做起。

43岁当上全球快餐巨头麦当劳CEO的查理·贝尔，是第一位非美国籍的麦当劳公司掌门人，而且也是麦当劳最年轻的首席执行官，谁也没想到的是，拥有如此显赫头衔的他，最初却只是澳大利亚一家麦当劳打扫厕所的临时工。

查理·贝尔的职业生涯始于15岁。1976年，年仅15岁的贝尔于无奈之中走进了一家麦当劳店，他想打工赚点零用钱，也没有想到以后在这里会有什么前途。他被录用了，工作是打扫厕所。虽然扫厕所的活儿又脏又累，但贝尔却对这份工作十分负责，做得十分认真。

他是个勤劳的孩子，常常是扫完厕所，就擦地板；擦完地板，又去帮着翻正在烘烤的汉堡包。不管什么事他都认真负责地去做，他的表现令麦当劳打入澳大利亚餐饮市场的奠基人彼得·里奇心中暗暗喜欢。没多久，里奇说服贝尔签了员工培训协议，把贝尔引向正规职业培训。培训结束后，里奇又把贝尔放在店内各个岗位上。虽然只是做钟点工，但悟性出众的贝尔不负里奇的一片苦心，经过几年锻炼，全面掌握了麦当劳的生产、服务、管理等一系列工作。

19岁那年，贝尔被提升为澳大利亚最年轻的麦当劳店面经理。

为优秀的人才提供了成长的机会，提供持续晋升的机会是优秀企业的成功之道。有一位管理者这样说："无论管理人员多么有才华、工作多么出色，如果他没有预先培养年轻有为的员工，没有培养自己的接棒者，那么他的管理就是不成功的。"

一个优秀的下属是否得到提升，关键看他是否适合将要从事的新职务。如果他在现有职务上已经做得非常好，工作能做到游刃有余，这样的人才有可能得到提升。

拿破仑在任用将领时，坚持的原则是"勇气过人""机智天才""年轻有为"，我们从拿破仑年轻而威武的将领队伍中就可以看出：

拿破仑手下的名将马尔蒙，26岁出任意大利法军炮兵司令，27岁任军长和炮兵总监，32岁任达尔马齐亚总督；达乌，28

岁，远征埃及的骑兵指挥官；苏尔特，25岁任准将，30岁晋升少将……

对于有较高才能的下属，要保证他能顺利"晋级"，设法提拔到更加重要的岗位，让他们在发挥才干的过程中激发自己的创造性。有了优秀人才而迟迟不重用，不仅对团队的发展无益，也可能最终失去这些优秀的人才。

不可否认的一个现实是，当一个团队发展到一定的规模后，老员工都会有一种惰性，在某种程度上制约并影响了团队的发展。优秀的管理者，必须站在团队发展的高度，优先晋升那些真正优秀的员工而不是资历老的员工。

第 4 招

沟通激励：
下属的干劲是交流出来的

¤ 用心倾听员工的心声和抱怨

员工对企业的抱怨其实也是反映企业真实管理问题的一种途径。很多时候，管理层不愿意倾听员工对企业的抱怨，甚至会通过各种途径来打压这种声音，这并不是聪明的一种做法。员工的抱怨并不一定就是错的，如果管理者认真倾听员工的抱怨，抓住几个员工最为关注的问题去落实解决，对企业的管理来说，可以起到事半功倍的效果。

美国的企业家亚克卡曾对管理者的倾听有过精辟的论述："假如你要发动人们为你工作，你一定要好好听别人讲话。一家蹩脚的公司和一家高明的公司之间的区别就在于此。作为一名管理人员，使我感到满足的莫过于看到企业内被公认为一般的或平庸的人，因为管理者倾听了他遇到的问题而发挥了他应有的作用。"

倾听员工的抱怨也是沟通的重要组成部分。一个善于倾听的管理者，不但使谈话的人说得开心，自己也能够从谈话中得到有价值的信息。

倾听是管理者了解员工诉求的有效方式，然而，许多管理者不愿倾听，特别是不愿倾听下属的抱怨。其实，倾听是一个参与的过程，在这个过程中，管理者不仅要接受、理解别人的话，清楚他们的内心想法，更要为此做出必要的反馈。

抱怨很多时候是负面情绪的宣泄，但管理者倾听员工的抱怨，对员工来说是一种有效的沟通方式。这种发自内心的倾诉比客套的、一般性的交谈效果要好得多。当下属明白自己谈话的对象是一个倾听者而不是一个等着做出判断的管理者时，他们会毫不隐瞒地给出建议。这样，管理者和员工之间就创造性地解决了问题，而不是互相推诿、指责。

但是，如果下属陷入没完没了的抱怨，甚至不分对象地抱怨，管理者就需要用一些技巧了。

小唐是某电子公司的工程师，业务能力很强。公司让他管理一个项目组，然而，搞技术与做管理是完全不同的两回事。虽然他搞技术很在行，但在一无财权，二无人脉，既要顶住来自上面的业绩压力，又要管理自视颇高的知识型员工时，小唐的压力陡然增大。他抱怨员工不服管理是因为自己没有掌握财权，他抱怨公司不给支持导致各部门沟通不畅。而抱怨过后的结果是，他的领导没有给予更多关注。小唐也意识到，抱怨无异于证明自己无能，就干脆忍而不发，回到家里也不敢向正在

怎样倾听

倾听并不是简单地听,而是要认真、专心且有效地听。你可以通过以下几个方面做到这点:

有效倾听

通过专心的倾听和积极的反应,你可以很好地进行沟通。当员工感觉到你在注意听时,他就会感到放松,而且会表述得更清楚些。

了解谈话的所有细节

做笔记。通过专心倾听,你可以获得很多细节,一定要做详细记录以备以后参考。这些记录对解决问题非常有好处。

询问员工的解决方案

让员工参与解决问题,能够缩短解决问题的时间,同时也可以让员工满意,并获得最大的满足感。如果问题很复杂的话,要和员工一起商议。

孕期的妻子诉苦，最终竟然得了抑郁症。

实际上，小唐的领导并不是个好领导。如果他能及时与小唐沟通，倾听他的抱怨，给其心理疏导和支持，相信不会造成如此后果。

员工抱怨有时候是情有可原的。追求完美的员工、智商高但情商低的员工、过于自负和自卑的员工，是最易产生抱怨的人群。作为管理者，要特别注意与之及时沟通。管理者应树立这样的形象：遇到任何问题请及时沟通，我会静心倾听，为你解困。在倾听中要不断认同对方的情绪："嗯，我理解。""我也有过这种体会。"事实上，认真倾听，本身就是化解抱怨的最好方式。

用心倾听是理解他人的第一步，也是建立信任感的前提。只有倾听过后，才会理解对方为什么抱怨以及抱怨的是什么，掌握了这些一手材料，才能从根本上解决问题。

作为管理者，应该学会倾听，不要总以为自己是管理者，只需要对下属发布命令。管理者需要坦诚相见，做一个忠实的听众，让下属说出自己的内心想法。

一个善于倾听的管理者，能够让沟通的渠道保持畅通，及时纠正管理中出现的一些错误，制定出一系列切实可行的方案和制度，促进团队的发展。

管理者倾听的过程，其实就是给予下属心理认可的过程。当下属对你说出自己的一些想法、倾诉自己的一番抱怨后，通过这种发泄，他就可以从你身上获得心理认可的满足感。而基于礼尚往来的心理原理，他也会认可你，并在内心无意识地觉得应该给予你相应的回报：加倍努力工作，证明自己是优秀的，是值得你关注和认可的。

管理者在倾听员工的心声和抱怨的过程中，需要注意以下几个方面：

1. 保持眼神交流

通常在倾听之前，我们要先与对方有一个眼神上的交流，借此告诉他："我准备好了，你可以说了。"而在倾听过程中，专注的眼神交流则可以告诉对方："我在认真听，请继续讲。"

2. 做出积极回应

在沟通过程中，身体前倾、点头、微笑等积极的回应也非常重要。因为这在告诉对方，你愿意去听，并且努力在听。反之，如果倾听时面无表情或没有回应，对方会认为你不愿意或讨厌跟他谈话。

3. 给予理解

倾听的核心要素就是同理心。即暂时搁置自己的成见，尝试站在他人的角度来看待问题，并感同身受地体验他们的感受。事实上，一旦管理者能做到这点，员工就会认为上司是理解自己的，是自己可以信任和依靠的。这样，员工就会对领导者生出更多的认可感与归属感。

作为跟下属沟通的重要方法，积极的倾听是管理者改善部门氛围、提升员工绩效的重要方式。一个真正懂得倾听的管理者，无疑能在事业发展的道路上，走得更快、更稳、更高。

¤ 肢体语言让你变得极具亲和力

我们都有这样的经验，有的领导讲话并不出色，但这个人让你感到可亲近，感到特别有魅力；而有的领导讲话虽妙语连珠，但给人的感觉是不可亲近，缺乏令人欣赏的特征。这是怎么回事呢？这说明非语言沟通的重要性。

非语言沟通是指沟通双方通过服饰、目光、表情、身体的动作、声调等非语言行为和人际空间距离等进行沟通的技巧。与员工进行沟通时，仅仅用语言是不足以表达自己的想法和意图的，而非语言的沟通恰恰弥补了这种缺陷和不足，它能帮助大家表达自己的感情，帮助大家确认他们所说的与他们想表达的意思是否一致，能告诉大家他人对自己的感受。因此，很多管理者都将非语言的沟通作为有效沟通的一个重要方面。

站姿、眼神、坐姿都时刻将内心深处的想法暴露无遗。据心理学家研究发现，身体语言的威力要比口头语言强大13倍。英国心理学家苏珊·奎廉姆在其著作《身体语言》中说："一个人的个性，即他的品质、行为、脾气、情绪、精神，还有他对你的真实看法，都能够通过身体语言清楚地传达出来。身体语言还能代替你说不敢大声说出来的话：如'我成功了，我需要你的帮助'。"因此，深谙运用身体语言的技巧能使你在沟通中大放异彩。

管理者身体的每一个部分，都能在沟通中配合和帮助你。从你出现在员工的视线中一直到你开口，其实这个过程中，你都在说着话，只是说话的方式并不是用嘴。你的眼睛，你的动作，你身体的每一个部位都在"说话"。你外在的表现，会使人产生敬意或者厌恶情绪，从而愿意接近你听你讲话，或是根本不愿意听你讲话。

对我们来说，说话的时候要做到说话和身体语言是一致的才能够真正让对方感受到你的心。因此，如何在说话中做到心身一致是沟通中最重要的。

管理者如果懂得在沟通中恰当地运用身体语言（或称肢体语言），那么你就不仅能更准确地表达你要说的意思，有时还会比你用口头语言表达得更传神、准确。而且，你还可以在与对方的互动中，观察到他们的身体语言，从而了解到他们的心理，这样更有助于你取得所期望的沟通效果。

管理者即使没有开口说话，但也要注意，在开口之前，必须运用身体的每个部位向听众传达你对他们的敬意和好感。哪怕在一些非正式的场合，比如在和员工们闲谈的时候，你突然站起来，或者把你的座位向对方靠近一点儿，或者在众人之中选择一个良好的位置，或者采取一个不寻常的姿势，只要你做得不让对方觉得做作，就会对你的言语带来很大的帮助。

姿势是内心的外在表现。越是真情流露，你的姿势越要得体大方。譬如，当我们心情愉快时，便会下意识地挥动双手；痛苦来临时，手中的拳头会忍不住攥紧，紧紧地靠在自己的胸前；而当愤怒的时候，则可能挥拳猛击。但是所有的动作和姿态，都是以自然为前提的。相反，如果你的姿势总是像雕塑一样，就会显得非常乏味。

一般来说，非语言沟通的方式包括语气语调、面部表情、身体姿势和手势、目光接触、身体距离等诸多方面。

1. 目光接触的沟通技巧

目光接触，是十分有效的非语言交往途径。俗话说："眼睛是心灵的窗户。"在交往中，通过目光的交流可以促进双方的沟通。目光的方向、眼球的转动、眨眼的频率，都能表达特定的意思，流露特定的情感。管理者正视员工表示尊重，切不可斜视，因为这种举动一般表示轻蔑，双目炯炯会使员工受到鼓励。柔和、热诚的目光会流露出对别人的热情、赞许、鼓励和喜爱；呆滞的目光表现出对对方讲的话不感兴趣或不信服；虚晃的目光则表示自己内心的焦虑和束手无策；目光东移西转，会让人感到听者心不在焉。

在沟通过程中，眼神的作用万万不能忽视，平时应该经常培养自己用眼睛"说话"的能力。

2. 体势的沟通技巧

体势包括体态和身体的动作、手势。管理者要注意自己的举手投足、回眸顾盼，都能传达特定的态度和含义。身体略微倾向于对方，表示热情和感兴趣；微微欠身，表示谦恭有礼；身体后仰，显得轻视和傲慢；身体侧转或背向对方，表示厌恶反感、不屑一顾。不同的手势也具有各种含义。比如，摆手表示制止或否定；双手外推表示拒绝；双手外摊表示无可奈何；双臂外展表示阻拦；搔头皮或脖颈表示困惑；搓手和拽衣领表示紧张；拍脑袋表示自责或醒悟；竖起大拇指表示夸奖；伸出小指表示轻蔑。

有些手的动作容易造成失礼。比如，手指指向对方面部，单手重放茶杯，当着客人的面挖鼻孔等不雅行为。同样的体势，不同角色的人去使用，其含义和给人的感觉是不一样的。比如，朋友之间别后重逢，拉拉手、拍拍肩，表示一种亲热的感情；领导、长辈对下级、晚辈拉拉手、拍拍肩，通常表示赞许和鼓励；如果下级、晚辈随便与领导、长辈拉拉手、拍拍肩，则被人认为是不尊重。

3. 语调、语气的沟通技巧

管理者即使说的是同一句话，但是用不同的声调、在不同的场合说出来，可以表达出不同甚至是相反的意思和情感。在一般情况下，柔和的声调表示坦率与友情；高且尖并略有颤抖的声调表示因恐怖或不满、愤怒而导致的激动；缓慢、低沉的声调表示对对方的同情；不管说什么话，阴阳怪气就意味着冷嘲热讽；用鼻音和哼声则往往显示傲慢、冷漠、鄙视和不服，自然会引起对方的不快和反感。比如，员工在圆满完成了任务以后，领导对他说"你真行"，这是一种赞许；如果这个员工没有完成任务，领导对他讲"你真行"，这时的意思就大相径庭了，它是一种责备或嘲讽。所以，在与员工的沟通中，恰当地运用声调也是保证交往顺利进行的重要条件。

作为一名管理者，可以从以上3个方面的非语言沟通开始，让自己更加受欢迎，从而更好地提升自己的团结能力与领导水平。

¤ 设法拉近与下属的距离

管理者必须设法拉近与下属的距离，这样才能让员工认为你是替他们着想，能真正掏心窝子，接下来的管理工作就能得心应手了。

真正能吸引、打动听众的是那些真话、实话、心里话，听够了、听厌了的是那些大话、套话、假话。不要刻意罗列华丽的辞藻、追求时髦的观点，而是紧紧抓住下属关心的问题，真实解决员工实际问题。

当沟通体现出具体化、通俗化、情绪化、故事化等特征时，便会既具体通俗，又有丰富的情感，必然会引起员工的强烈兴趣，员工与管理者的距离自然也就拉近了。

1. 具体化

比方你说小张很优秀，这样就不够具体，不如说小张在100多名业务员中每次考核都是第一名，每月完成100万元的业绩，每月提前10天完成全月任务。这样讲的力度就不一样了。

我们必须记住下面的"5W"公式，经常运用"5W"，让自己的讲话变得具体生动：

（1）什么时间（when）：可以是真实的时间，如某年某月某日；也可以是实指时间，如现在、昨天、上个月、小时候；还可以是虚指时间，如在古代，有一天等。

（2）什么地点（where）：具体地点可以是大的区域，如国家、省份、地区；也可以是某个地点，如房间、办公室、会议室、电影院等。

（3）什么人物（who）：可以指人、物、特定对象等。

（4）什么事（what）：具体发生的事件，情节。

（5）什么原因（why）：原因是什么，产生什么样的结果。

充分运用好5W公式，将使我们讲话更有条理，听众听起来也更加有可信度。

2. 通俗化

通俗化就是要生动形象地说明情况，可以通过以下表达方式达到效果。

（1）常用比喻。比喻是我们用得非常广泛的一种方式，比如对于一些不常见的事情，为了解释清楚便可以使用形象的比喻；还有一些非常抽象的东西，语言难以表述，可以用比喻的手法来向听众讲明。比如解释美国次贷危机，你可以用中国老太太与美国老太太不同的消费方式来对比。这样比喻，听众就能马上听懂了。

（2）多用换算。比如你向别人介绍有多远距离的时候，先说有多少公里，接着就说相当于几个小时的车程。因为对于距离，人们用时间来描述更熟悉一些。

（3）用道具。对听众陌生的东西，不妨将实物展示给他们看。同时，为了增加说话的可信度，也可以出示道具以证明。道具的使用会让你的讲话更有说服力，更加形象。

3. 情绪化

情绪化主要是以情动人地描述一个人、一件事。凡是好的即兴讲话，都必须融入感情，没有感情的演讲就像做菜没有放盐，没有味道。

情绪化要做到：动真情、有激情和会煽情。首先，讲真东西、真内容，发自内心的真心话，这些都是动真情。其次，当你动真情的时候，激情很快也就出来了，因为讲的是你的真心话，你内心是有力量的、有自信的。这同时会反映在你的声音上、动作上、表情上，进而影响整体的状态：声音变得高亢，手势开始频繁，表情变得夸张，人也变得兴奋，这时候你就会变得很有激情，很有感染力。

某新任县委书记走马上任，在县里召开的一个会议上，他作了即席讲话，他说："我的原籍在长沙，且读书、工作多年，那里是我的第一故乡。从昨天到县里起，我就是县里的公民了。现在，不但我是县里的公民，我爱人、小孩的户籍关系也一同转来了，应该说，他们也是大家中的一员。我到这里来工作，这里就是我的第二故乡，是我的家了。是家，只有首先安家，才能当好家，把故乡建设好，让家乡的父老乡亲过上好日子。我相信，只要我们各级领导者与人民群众同甘共苦，齐心奋斗，就一定能够战胜各种困难，把自己的家乡建设好。"

这位县委书记的即席讲话，实在是质朴无华，却跌宕起伏，抑扬顿挫，用真情给群众留下了深刻而良好的第一印象，收到了化平淡为神奇的精彩效果。

真情和激情都不难，难的是煽情。很多人说自己不会煽情，其实，把握到点子上，你也可以煽情。所谓煽情就是煽动大家共有的情绪、共同的感受、共同的经历，引起大家的共鸣。注意，煽情的时候语速要慢一点，慢慢讲，给听众情绪酝酿的时间。

4. 故事化

故事往往是通过一件小事，阐述一个大的哲理，同时故事特有的魅力可以深深地吸引听众，比就事论事更有感染力。要使听众认可你的讲话，遵从你的观点，就要能够说服听众。

有家企业要把一位工程师提升为总工程师，领导之间意见纷纷、众说不一。持反对意见者是考虑到这位工程师在大学读书时，因违反纪律，受过处分。

面对这种情况，人事处长在发言中穿插了一个笑话：

"从前，有一个叫艾子的人，他有一回坐船外出，船停泊在江边。艾子听到江底一片哭声。细问，原来是一群水族在哭。艾子问：'你们哭什么？'

水族们纷纷说：'龙王有令，水族中凡有尾巴的都要杀掉。我们都是有尾巴的，所以都急哭了。'

艾子听了，深表同情。可一看，发现有只蛤蟆也在哭。他很奇怪，就问：'你哭什么？你又没尾巴。'

蛤蟆答道：'我怕龙王追查我昔日当蝌蚪的事呀！'"

众人在笑声中统一了看法。

用故事说明道理虽然难以掌握，但一旦运用好了，可以活跃气氛，激发听众情绪，最终达到曲径通幽的效果。

¤ 运用迂回沟通的谋略

任何人都喜欢与自己志趣相投的人在一起，但是作为企业的管理者，需要和不同性格的人打交道，如果不去主动与别人沟通，自己的工作就不可能顺利进行。只有主动与不同的人沟通，才能了解别人，同时让别人了解自己，这样才会让自己的工作得以顺利开展。

有些时候，正面沟通起不到良好的效果，不如采取迂回沟通的方式。管理者在主动与员工打交道的过程中，应该掌握迂回沟通的技巧。

实际工作中，管理者要做到迂回沟通，要注意：

1. 与员工换位思考

所处的位置不一样，思考的方式也不一样，因此管理者与组员之间的冲突也往往不可避免。如果管理者能够站在下属的立场,设身处地地为其着想,才能更好地理解下属的想法和做法,才能找到沟通的融合点。同样,要想和员工打成一片,管理者必须先放下架子,不要高高在上,要有适宜的言行举止。

杨佳是新晋管理者,按照年龄来说,在班里年纪最小,其他组员工龄都比杨佳长,因此刚开始,杨佳遭到了一些组员的排挤。

一次,杨佳让一名组员去车间办公室把劳保用品取来,连续跟他说了三遍,他都没有动静,到第四遍时,杨佳非常气愤了,以生硬的语气质问道:"你是拿还是不拿?"虽然后来还是取来了,但这名组员非常不情愿,这名组员认为:"凭什么,什么事情都让我干!"通过这件事,杨佳的感触很大。杨佳想,如果自己被比自己资历浅的人叫去干活,心里肯定也有所不悦,以后和自己的组员沟通要注意语气和方法。

在以后的工作中,杨佳也尽一切力量身先事行,尽可能站在组员的角度去考虑问题,和班组成员经常沟通,遇到事情也说给组员听,让大家一起去想解决的办法。如果没什么异议就一起去实施。之后,该班组的日常工作不再让杨佳每天去强调了,而是组员主动去做。

2. 确认员工是否听清沟通内容

沟通最大的障碍在于员工误解或对管理者意见理解得不准。为了减少这种问题的发生,管理者可以让员工对管理者的意图做出反馈。

管理者与员工之间沟通很重要

管理者与员工之间缺乏有效沟通,往往导致误解和摩擦,甚至使员工产生与管理者对着干的想法和念头,可见在管理者与员工之间"沟通"很重要。

沟通能减少管理者决策风险

员工是战斗在一线的具体操作者,他们所了解的信息往往比管理者更为具体和深入,而这些信息又是管理者决策的关键依据。所以,管理者与员工经常沟通,才能了解团队真正之所需,才能做出正确决策。

沟通能使员工对工作产生热情和积极性

人在轻松的氛围下更富有创意,更易激发潜能,从而产生更大的工作效能。而管理者与员工之间的时常沟通,有利于营造轻松的工作氛围。

管理者在向员工宣布一项任务之后,要求员工把所布置的任务再复述一遍,通过直接或间接地询问"测试"员工,以便确认他们是否完全了解。如果员工所复述的内容与管理者意见一致,就说明沟通是有效的;如果员工对管理者的意见领会出现差错,可以及时地进行纠正,调整陈述方式,以免带来不可

估量的损失。

3. 不同的人应使用不同的语言

在同一组织中，不同的员工往往有不同的年龄、教育和文化背景，这就可能使他们对相同的话产生不同的理解。另外，由于专业化分工不断深化，不同的员工都有不同的"行话"和技术用语。若管理者没有注意到这种差别，以为自己说的话都能被其他人恰当地理解，一定会给沟通带来障碍。所以，管理者说话时必须根据接收者的具体情况选择语言，语言应尽量通俗易懂，尽量少用专业术语，以便接受者能确切理解所收到的信息。

4. 交流时间短，沟通频率高

频繁接触员工，每次交流时间可以短一点，这容易让员工更容易感到亲近，更容易知道管理者注意他、关心他。

5. 恰当地使用肢体语言

无论是在聆听员工谈论时，还是在与员工进行面对面的沟通中，管理者都应给予对方合适的表情、动作等提示，使之与表达的信息内容相配合。比如，赞许性的点头、恰当的面部表情等，如果员工认为管理者对他的话很关注，就乐于提供更多的信息。相反，当员工在滔滔不绝地向管理者汇报信息时，而管理者却心不在焉地边听边做其他与谈论无关的事情，这样员工会认为管理者对他所说的并不在意，沟通的激情会立刻下降。

肢体语言是现实交流双方内心世界的窗口，它可能泄露我们的秘密。一个成功的沟通者在强化沟通的同时，必须懂得肢体语言沟通的技巧，注意察言观色，充分利用它来提高沟通效率。这就要求管理者在沟通时，要时刻注意与员工交谈时的肢体细节，不要以为这是"雕虫小技"，这对有效沟通起到非常大的促进作用。

6. 要让人服，先让人言

既然是沟通，就是双向的。纵使管理者说服员工的理由有一百条，也不要忘了让员工先谈谈自己的看法。如果连听都不听就取消别人的发言权，这种单向沟通对管理的负面作用是不可忽视的。

7. 更多地了解员工

作为管理者，应该花更多的时间用于了解员工。管理者不妨根据以下几个要点来察觉员工心灵的跃动：

（1）脸色、眼睛的状态（闪烁着光辉、咄咄逼人、视线等）；

（2）说话的方式（声音的腔调、是否有精神、速度等）；

（3）谈话的内容（话题的明快、推测或措辞等）；

（4）身体的工作、举止行动是否活泼；

（5）整个身体给人的印象（神采奕奕或无精打采）。

¤ 多采用非正式沟通的方式

非正式沟通的优点，在于不拘形式，直接明了，速度很快，容易及时了解到正式沟通难以提供的"内幕新闻"。

对一个团队来说，非正式沟通意味着打破发布命令的链条，促进不同层级之间的交流；改革付酬的方法；让员工们觉得他们是在为一个几乎人人都相知甚深的老板工作，而不是一个庞大的公司。

GE 前总裁杰克·韦尔奇被誉为"世界第一 CEO"，在他上任之初，GE 内部等级制度森严，结构臃肿。韦尔奇通过大刀阔斧的改革，在公司内部引入非正式沟通的管理理念。

杰克·韦尔奇在公司内部建立起了非正式沟通的企业文化。他每天必做的事情之一就是亲自动笔给各级主管、普通员工乃至员工家属写便条，或征求对公司决策的意见，或询问业务进展，或表示关心、关注。写这些便条的目的是鼓励、激发和要求行动。杰克·韦尔奇通过便条表明他对员工的关怀，使员工感到他们之间单纯的管理者与下属的关系不断升华。

从他手中发出的只言片语都很有影响力，它们比任何长篇大论的演说都更能拉近和员工的距离，而且这也是他对下属们有效地传达重要观念的最佳方式，所以他乐此不疲。久而久之，"韦尔奇便条"便演变、升华为一种"非正式沟通"的氛围。

员工们则把收到和答复杰克韦·尔奇的便条作为荣耀和情谊，备感幸运、备加珍视。不仅如此，每个星期，杰克·韦尔奇都会不事先通知去造访某些工厂和办公室；临时安排与下属共进午餐；工作人员还会从传真机上找到杰克·韦尔奇手书的便条，上面是他既遒劲有力又干净利落的字体。

一位 GE 的经理曾这样生动地描述韦尔奇："他会追着你满屋子团团转，不断地和你争论，反对你的想法。而你必须不断地反击，直到说服他同意你的思路为止。而这时，你可以确信这件事你一定能成功。"这就是沟通的价值。

韦尔奇曾说："良好的沟通就是让每个人对事实都有相同的意见，进而能够为他们的组织制订计划。真实的沟通是一种态度与环境，它是所有过程中最具互动性的，其目的在于创造一致性。"沟通就是为了达成共识，而现实沟通的前提就是让所有人一起面对现实。

对于管理者而言，常用的非正式方法主要有以下几种：

1. 走动式管理

走动式管理在越来越多的企业中得到应用。走动式管理是指管理者在员工工作期间经常到员工的座位附近走动，与员工进行交流或者解决员工提出的问题。管理者对员工及时的问候和关心本身并不能解决工作中的难题，但足以使员工感到鼓舞和激励。有的员工说："我就特别喜欢主管走到我的座位上，拍一下我的肩膀，对我问上一句：'怎么样？'"员工往往不喜欢管理者整天坐在自己的办公室里，不与自己说一句话。

管理者四处走动并进行非正式交谈，是很好的方式。走动式管理不是要对员工具体的工作和行为过多干涉，不要对他们指手画脚、品头论足，否则的话就会给员工一种突然袭击的感觉，员工容易产生心理压力和逆反情绪。

2. 开放式办公

管理者的办公室随时向员工开放，员工随时可以进入办公室与管理者讨论问题，只要没有客人在办公室里或正在开会。在不少企业里，我们发现管理者的办公室是不设门的，只是用比较高的隔板隔开，这样做的目的是便于员工随时与其进行沟通。开放式办公拉近了员工与管理者的空间距离，有利于近距离的沟通。

3. 工作间歇时的沟通

管理者利用工作间歇与员工进行沟通，能起到非常良好的沟通效果。例如与员工共进午餐，在喝咖啡的时候聊聊天，等等。在工作间歇时与员工进行沟通要注意不要过多谈论比较严肃的工作问题，可以谈论一些比较轻松的话题，例如昨天晚上的足球赛、烹饪的技术、聊家常等，在轻松的话题中自然而然地说出一些工作中的问题，而且要尽量让员工主动提出这些问题。

4. 非正式的会议

在联欢会、生日晚会等非正式的活动中的沟通，良好氛围下的沟通效果一般是不错的。非正式会议也是比较好的一种沟通方式，管理者可以在比较轻松的气氛中了解员工的工作情况和遇到的需要帮助的问题。而且，这种聚会往往以团队的形式举行，管理者也可以借此发现团队中的一些问题。

第 5 招

考核激励：
一切由绩效说的算

¤ 鼓励员工不断提升业绩

一个瓦匠的工作是要建一座大楼，而不是垒砌砖块；一个歌唱家的工作是唱出优美的旋律，而不是发出声音……企业中的员工无论多辛苦、多忙碌，如果缺乏效率，没有功劳，那么一切辛苦皆是白费。

作为一个团队，必须以员工提供的业绩作为支撑。管理者要向员工传达这样的理念，不管个人在这个团队的地位如何，不管个人长相如何，不管个人的学历如何，想在团队里成长、发展，实现自己的目标，都需要有业绩来保证。创造业绩是在一个团队得以生存和发展的首要条件，只要能创造业绩，就能得到晋升和加薪的机会，因为业绩是公司发展的决定性条件。

这种"结果决定一切"的信念，不是交差，而是要圆满完成任务；不是做事，而是要真正创造价值。

绩效管理的构成

所谓绩效管理，是指各级管理者和员工为了达到组织目标共同参与的绩效计划制定、绩效辅导沟通、绩效考核评价、绩效结果应用、绩效目标提升的持续循环过程。

绩效管理由四部分组成： 绩效计划、绩效考评、绩效反馈和绩效改进。

组织目标分解

绩效计划：
活动：与下属一起确定任务、考核标准、权重。
时间：任务开始前。

绩效反馈面谈：
活动：主管就考核的结果与员工讨论。
时间：绩效结束时。

绩效管理循环

绩效实施：
活动：任务执行、指导。
时间：整个任务执行过程。

绩效考核：
活动：考核员工的绩效。
时间：任务结束时。

评估结果适用：
员工发展计划、人事变动、薪酬调查、资金发放、培训

绩效考评与绩效管理的关系：绩效考评的质量和效率，对整个绩效管理具有决定性影响。同时，高质量、高效率的绩效管理，是做好绩效考评工作的前提条件和重要保障。

1928年，乔·吉拉德出生于美国密歇根州底特律市东郊的一个贫民窟，他居住的地方离他少年时期的偶像乔·刘易斯家只有一英里（约1.609千米），当乔·刘易斯成为世界拳王时，乔·吉拉德只是一名挣扎在贫困沼泽里的穷苦少年。

1977年，当乔·吉拉德离职退休时，他成了世界上最伟大的推销员，他平均每天销售6辆轿车，保持了连续12年的全球汽车销售的最高纪录。他的这一纪录被载入了吉尼斯世界大全。

传记作家汤普生为乔·吉拉德作传时发现了一些秘密。

汤普生在乔·吉拉德屋子的墙上发现了许多人的照片。乔·吉拉德解释说，这些人都是销售业绩惊人的员工，他初入这个行业时，还非常年轻，没有经验，那些员工们的业绩激励他不断成长。刚开始进入推销业，因为没有经验，总是频频失败，身边的朋友日渐稀少起来。这个时候，乔·吉拉德却对自己说："没关系！笑到最后才是胜者。"他不断超越自己，稳扎稳打，一步一个脚印，就这样，三年后他成为美国汽车推销的翘楚。

乔·吉拉德以他人业绩为目标，积极促使自己成长，又在成长中不断提高自己的业绩，形成了业绩——能力——业绩的良性循环，这也使他在成长中不断提升业绩，在业绩的激励下不断成长，从而成为美国汽车推销界的翘楚。

只有不断成长、提升业绩，才能赢得他人的尊重与赏识。而要证明自己的能力和价值，唯有靠业绩来"说话"。

汪勤是一家跨国企业驻成都分公司的执行经理，他一直以提高业绩为目标，不断成长，提升业绩。正是凭着这一点，在短短一年半的时间里，汪勤从最基层的市场部销售代表一直做到了现在这个位置。

由于外部环境的恶劣，中下游产业发生剧烈震荡，这给公司经营带来了巨大的困难，为了应对市场的不景气，总部决定裁减职员，撤并一些分支机构，汪勤所在的公司的业务被合并到了西南大区，员工大部分被裁掉，而他本人被安置到了上海的分公司。

换了环境、换了岗位，他整个人似乎也变了。每次午饭时间，他总是请自己部门的员工吃饭，然后向他们述说自己在成都时如何努力，如何为公司争取业务、取得非常高的业绩。

但实际上，汪勤负责的部门在整整一个季度中无论是业绩还是渠道拓展都没有任何起色，比起那个无能的前任，汪勤似乎并没有表现出他在成都时的魄力与能力来。在季度考核中，他的部门被辞退三个员工，作为惩罚，他的薪酬也相应地被扣除了1/3。

半个月后，他收到了上海区总代表的一封简短而又直接的信，信上这样写道："你只有33岁，你不应该像个老人一样陶醉在过去的时光里，你现在坐什么位置，就应该创造出与这个位置相匹配的业绩来，你只有不断成长，才能创造出更高的业绩，这样对我们的企业、对你个人都是有利的。"

汪勤没有意识到，自己不努力，业绩自然也就爬不上去，由此造成技能、智慧始终停留在原地。不能与时俱进，做好工作必需的创新思想和开拓勇气也随之消灭，最终只能业绩平平。

作为管理者，要向员工传达这样的理念，工作中每一步台阶都需要我们具备相应的知识与能力，只有通过知识与能力的积淀，不断地让自己的能力升值，才能在工作岗位上做出骄人的业绩。

通过业绩对个人的能力有持续性的认可，这是最科学的方法。唯一的出路就是不断提高自己的业绩，用业绩激励自己不断成长。只有这样，才能激励员工取得比过去更为辉煌的成就。

¤ 考核的基本原则是科学、公正

在传统的管理方法中，人事考核是十分个人化的。负责考核的人由于拥有绝对的权力，所以会因个人的喜好进行评核工作。这种不民主、不公平、不科学的方法自然会令一些员工不安，并有可能出现员工工作时士气低落及流失率高的情况。

为避免这种情况，要采用公平、合理的考核制度，更公平地提拔下属，让每个人都能人尽其才。

管理者希望通过考评掌握下属的工作状态，员工也希望自己的工作被企业承认并得到应有的待遇和事业上的进步，同时也希望被指导。可以说，科学、合理的考评是管理者与被管理者双方都欢迎的。

丰田公司采用的是360度评估体系，丰田内部称之为"个性对口鉴定制度"。一个员工工作成绩的评定并不仅仅是由他的顶头上司做出的，同时还要参考其他部门领导和员工的意见。为了使评价结果准确，评价人和被评价人在工作上是有密切接触的。例如，一个股长想要提升为课长，除了顶头上司的评价外，还要从其他部门选出5人对其进行领导能力和观察问题能力等20多项内容的评价和鉴定。

既然考核的最终目的是改善员工的行为，管理者就应该注意考核标准的透明化。考核标准最好由管理者和员工协商制定，不能太高以致所有人都达不到，也不能太低丝毫没有挑战性。

绩效考核过程的本质是将可以量化的东西通过量化形式反映出来，将不易量化的东西最大可能地客观反映。有道是"兵者，国之大事，死生之地，存亡之道，不可不察也"。当然，绩效考核不是简单地对员工的行为表现做出裁定，它还存在着以下5点问题。

（1）很多时候现有员工的素质和形象会影响到考核标准的制定，每个评定人看待问题的角度与价值观不同，评定标准也必然不同。这就会使标准不可能面面俱到，最终造成制定的标准不公平。

（2）对于企业来说最重要的不是领导，而是把过程做到位。但是绩效考核是对员工心理的重要导向，考评指标使员工把注意力集中在指标的完成上。它使员工把注意力集中于考核结果和领导要求，而不是关注工作本身。这样就容易造成员工为领导而工作的局面，最终使得有些员工置过程于不顾，单单为了追求考核的结果。

（3）俗话说："没有功劳有苦劳，没有苦劳有疲劳。"追逐绩效，至少没有效果还有成绩，所以绩效考核容易造成目标分散，使员工不顾效果。有些员工整天把自己弄得忙忙碌碌，但没有效果的忙碌对企业又有什么用呢？

（4）在绩效考核中最为扼杀人性的弊病是名额指标的限制。试想，如果一个人在企业中由于名额的限制没有进步的希望，他会努力吗？

（5）绩效考核最致命的缺点就是绩效考核的标准如果与市场标准不一致，造成对员工工作行为的误导。

针对绩效考核的种种弊病，企业管理者必须做到完善绩效管理体系，建立科学合理的绩效考评办法。制定绩效考核标准时，要针对不同岗位的实际情况，对不同职位制定不同的考核参数，并尽量将考核标准量化、细化，多使用绝对标准和客观标准，使考核内容更加明晰，结果更为公正。同时，考核标准应及时公布并得到员工认可，避免暗箱操作。

对员工进行严格考核，并依据考核结果进行赏罚是非常重要的。只有这样，才能充分调动广大员工的积极性，使团队取得良好的效益。

¤ 考核要公私分明

《左传》中有这样一句话："为政者不赏私劳，不罚私怨。"意思是掌权的人不奖赏对个人有功的人，不惩罚与自己有矛盾的人。在绩效考核的过程中，管理者要做到公私分明，也不是一件容易的事。

管理者在评价员工时无论多么谨慎，结论中可能多少会反应领导个人的偏见。当领导对员工某一性格特征的评定影响到对该员工其他事项的评定时，就会出现晕轮效果。作为管理者个人，可能会无缘无故地喜欢一个人、讨厌一个人。当评价自己喜欢的人时，总会赞誉有加，而对自己不太喜欢的人则吹毛求疵。

管理者在考核员工时，首先应注意自己对下属的感情问题，可在心中不停地问自己："我对这个人的看法如何？我为什么不喜欢他？"

好好反思你为什么喜欢某种行为或某个人是很重要的。只有管理者自己对这种情况保持警惕时，才能做到评价的是下属的工作而非个人。

管理者个人必须设法克服因为人为因素而导致的员工认知偏差。如有的领导往往以自己的能力或好恶为标准来评价部属。给予与自己唱对台戏的人低分，反之则给高分。又如自己在某方面是弱项，在评估时则故意忽略，反之则加大评估比重。这类做法都是不可取的。身为管理人员，必须懂得自己与下属有着不同的做事方式，不要过于自信，应积极培养自己的弹性心态，才能将绩效考核做到尽可能公正。

绩效考核失去了公平性，考核也就丧失了公信力，不但无法提升团队效率，而且还会丧失人心。作为管理者，尤其注意的是不能在考核时给员工"穿小鞋"。给人"穿小鞋"会极大地挫伤员工的积极性，不利于整个团队的业绩改善。

要做到公私分明是很难的。作为一个优秀的领导，在平常的行事中应该确立平等的标准和态度，一脱离标准就要马上反省，这样才能获得员工的信赖。

¤ 实现量化考核管理

量化一个员工的表现是很难的。每个团队组织，不管它是盈利还是亏损，都要对业绩负责。每个组织和团队都应该客观、公平地考核自己的成员。

在考核理念上，特别是那些对绩效管理不怎么重视的企业，是否能建立先进的考核理念将决定绩效管理的成败。不可否认，业绩考核规范，企业的全体成员成了"生活在玻璃屋中的人"，会有不舒服的感觉。在企业推进绩效管理时，管理者应力求通过"事先培训、事中辅导、事后沟通"来消除对绩效管理的警惕心理、观望心理和抵触心理。

企业要把强化员工绩效考核工作作为适应当前企业队伍建设的有效对策，不断加强和改进队伍日常考核工作，坚持做到事事有考核、件件有落实，才能保证队伍绩效考核工作的常态化、经常化。

有的企业一项工作的考核指标有20多项、罗列几十页。每一件事都要列入考核，唯恐遗漏。其实考核指标也不是越多越好，根据马太效应，抓住关键就行了。

人力资源管理者对"关键绩效指标"这一名词一定不陌生，但真正能把这一科学的绩效考核工具准确实施的却凤毛麟角。因为他没有把握这一指标的核心点。那些对公司长远发展、整体业绩有重大影响的方面也可以成为指标。它不是能力、态度，也不是一般的管理规章、制度、流程，而是来源于公司战略的分解和关键的业务流程。

如何做到绩效管理的准确性并兼顾成本问题。绩效考核的准确性与所花费的成本始终是一对矛盾。考核尽可能地客观、准确，就势必花费较高的成本。越客观、越准确的考核，越要依赖企业做大量的信息收集、工作记录、数据整理等工作；另一方面，考核者要对照信息做评比，需要花费较多的时间。因此，我们也要在二者中间做好平衡。

做到绩效管理的有效客观。完善的组织行政系统、独特的薪酬激励模式和配套的学习成长机制，也是必须配备的。

就如何落实好精细绩效考核管理工作，下面给出一些原则：

（1）把握绩效考核工作原则，坚持考核导向、按岗位职责考核、考核方与被考核方互相沟通、公平公开公正、奖罚结合等原则，让经济手段有效刺激全员工作的积极性。

（2）进一步建立规范的工作流程，完善绩效考核体系。结合各单位自身实际，尽快建立科学的、有针对性的、有时效性的绩效考核体系。

（3）不断建立完善全员性的绩效考核新办法、新途径。在加强内部交流的同时，多学习、吸收国内外的绩效考核新理念、新方法。

（4）逐步健全考核组织体系，各级领导要高度重视，加强指导，明确分工，不断改进、解决绩效考核工作中所存在的问题。

（5）尽快实现覆盖全员的绩效考核目标。绩效考核涉及面广，业务类别多，所以必须在管理层、技术层、操作层形成横向到边、纵向到底的绩效考核格局。

¤ 绩效考核7部曲

"试玉要烧三日满，辨材须待七年期"，白居易的这首诗的本意就是说判断玉石要在火中煅烧三天以上，辨别树木是否成材要等待七年时间。玉石、木材尚且如此，管理者对员工的考核岂能草率？

管理者都明白，好的考核制度可以充分调动员工的积极性

优秀绩效系统应具备的特征

绩效管理系统对于企业发展非常重要，有效的绩效管理能激发员工的工作潜能、使组织运转通畅、促进组织长短期目标的完成；无效的绩效管理则会带来很多问题。

优秀绩效系统应具备的特征

1. 绩效管理通过恰当的激励机制发生作用。

2. 正激励和负激励要平衡使用，不能走极端。

3. 绩效管理体系是站在公司战略发展的角度设计的。

4. 绩效管理体系是站在提高组织和个人绩效的角度设计的。

5. 系统的绩效管理需要企业具有相对完善的管理体系。

6. 系统的绩效管理需要公司具备较强的执行力。

7. 绩效考核注重结果考核和过程控制的平衡。

8. 绩效管理注重管理者和员工的互动和责任共担。

9. 体现以人为本的思想，使员工和组织得到同步成长。

怎么分得一样多？

绩效管理的立足点在于激励，没有激励作用的考核机制一定是失败的。

和创造力，促进企业业绩目标的实现。而差的激励和考核制度则会减弱员工的工作热情和创造力的发挥，最终导致企业经营绩效的停滞不前，甚至降低。

考核制度需要依据企业内外环境的变化作出相应的调整和改进，以激活集体创造力的程度为度量尺寸。绩效考核必须遵循一定的步骤。

1. 建立业绩目标

业绩是指创造对股东、顾客、员工来说都很重要的成就或价值，这样的目标可以使员工协调原来的自行其是的活动，把精力放在真正重要的事情上，并在工作过程中及时评估进度安排，适时改变工作的步调和方法。

业绩考核必须建立在是否完成业绩目标的基础上，所以，建立业绩目标是建立考核制度的先决条件。

2. 构造业绩计划

在讨论员工的成功、困难及其目标时，应尽可能结合员工实际设定的目标，协助其改善工作风格，帮助他排除，以最大限度地发挥他的优点。建立之后，应在以后的时间内经常强化员工意识，直到一年周期完全结束为止。这种量化的绩效管理方式有助于你了解他的特质，并利用你所了解的东西，去协助他更精确地辨别自己真正的优点及缺点，从而更有效率地开展工作。

3. 合理用人

在人员安排方面，管理者要以企业的实际情况和个人经验为依据，判断企业中哪些因素和环节对于改善整体绩效是至关重要的。然后根据员工个人能力的大小，将选定的人员安排在特定的职位上。

要让员工明确自己的工作范围，明确的工作范围有助于消除员工对于企业再造的迷茫和焦虑，有助于消除个人行动和相互配合时可能遇到的障碍，使员工可以更加顺利地完成自己的任务。这样一来，他们既不会把时间和精力浪费在无关紧要的事情上，也不会被没完没了的任务搞得精疲力竭。

4. 良好的控制

提供大量而丰富的解决问题的手段是管理者的必要任务之一。当业绩计划制订以后，管理者还必须将计划过程划分为几个阶段，严格规定各阶段的完成期限，管理者也必须让员工清楚地知道再造的最终成果是什么，将在何时以何种方式获得，从而做到心中有数。

正式和非正式的沟通是业绩激励方法的润滑剂。管理者要随时解答关于流程、再造的各种疑问，消除他们的困惑和迷茫；同时，管理者也需要通过沟通了解员工的有关想法，从而采取有针对性的对策。建立一条直接通往总部的沟通渠道，使员工可以清楚地了解到自己在工作中所处的位置和相应的职责，从而动员全体员工进行持久改革，得到良好的整体绩效。

5. 分配与奖励

分配制度是对员工的工作成果和奖励内容之间联系方式的规定。企业的考核制度应该体现企业对员工的行为导向。凡是企业积极提倡的行为应该给予奖励，而对于那些有损于企业绩效的行为，则要采取相应的惩罚措施。行为导向与考核目标的结合，有助于培养员工的全局观念和集体观念，对于员工工作方式的转变和企业文化的建设也大有好处。

通常的奖励包括颁发奖金、荣誉称号，提供个人发展机会等。特定的奖励来自特定的行为，应让职工知道，他们可以通过何种途径去获得奖励。由于员工的价值观和需求不同，相同的奖励对于他们的价值也有所不同。因此，奖励制度的设计要有针对性，以便对目标群体发挥最佳的激励效果。

6. 评价员工

最佳的方式是让职工能正确地进行自我评估，做自我评估的目的，是要将自己的评估与经理对他的评估报告加以比较，或是作为一个参数或反证。所以他的自我评估报告只是一个参考资料，而不是对自己绩效的真实评估。

在日常工作中，可以将自我评估作为一种习惯，你可以要求员工写下自己的目标、成功的地方以及自己的发现。这个记录的目的是协助每一位员工为自己的绩效负责。利用这个记录，员工可以了解自己是如何计划更有效率的工作并可以衡量这些计划的效果，使员工将它视为一面镜子，这是一种超越自我的方法。

管理者评价的重点在于鼓励员工密切注意自己的绩效及学习，重点在于开发自我的潜力。

7. 不断设计，不断激励

设置短期绩效目标，然后予以考核和控制，相对而言，比较容易取得成果。而要维持业绩持续不断地改善，则困难得多。也许管理者可以成功地发动全体员工，在几个月的时间里，集中精力追求更高的业绩；但是，如果管理者想要继续发扬初期的成果，并且长期保持员工的工作热情和创造力，则要付出更多的努力与辛苦。

俗语道："计划不如变化。"管理者必须时刻掌握顾客和竞争对手的最新动态，并据此不断调整企业的业绩目标和实施措施，对员工的激励机制和考核制度也要随之发生改变，通过不断地再设计，适应不断变化的外部环境。管理者需要不断地激励员工，使他们在集体责任感的驱驶下追求更高的目标。

第6招

情绪激励：
让你的员工"激情燃烧"

¤ 让员工成为"鸡血战士"

"人很多，人才不多"，这是很多团队的现状，也是团队发展的尴尬。作为团队管理者，迫切希望团队多一些"鸡血战士"，以积极热情的态度投入工作中，成为推动团队发展的有效动力。

著名心理学家马斯洛在《动机与人格》一书中，将目标明确、实干、奋斗、雄心勃勃的人归纳为自我实现者。他们工作的动机就是为了发展个性，他们活跃的思维和创造力常被人们看作天赋。但马斯洛却根据大量临床试验的数据推演出：创造力和活力是所有人与生俱来的一种潜力，只是大多数人随着对社会的适应而丧失了它。

很多在大学时代激情澎湃的年轻人，一旦进入实战的社会，很快就变得茫然无措或者盲目适应，成为一颗没有自主能力的水滴，稀里糊涂地耗掉人生最好的时光。做人是积极拼搏还是随波逐流？这从来不是一个问题，几乎所有的人都会选择后者；但真正这么做的，却少之又少！

"李娜，为什么不向上司建议，实施你那个大胆的想法呢？我看很不错。"

"哦，不，这几天我想了想，还是按照总监的方案执行吧。即便那头笨驴的计划是如此愚蠢，但至少可以保证责任不在我这边！"

显然，李娜可能是个有丰富创造力的人，但她最大的目标却只是不要犯错。保住现在的工作，对她来说就很满足了。可是她没有意识到，这只能让她持续沉溺在平庸的状态，精彩是不会属于她的，虽然她不甘心。

"你是否正在消耗自己的激情？"这个问题对团队的员工非常重要，管理者要设法让员工清楚自己的人生目标，让自己的一切选择和行为都为之服务。不能主动掌控自己人生的人，一辈子都不知道自己要干什么、干了些什么，就像开车的司机，向左转还是向右转，他的头脑中没有判断，总是需要别人指点。他是一个被动的司机，掌握不了自己的方向盘。

美国著名创业研究专家劳埃德·谢洛德与大量创业家、企业家、管理者有过接触，他们大多具有超强的体能和毅力。但谢洛德认为，他们旺盛的精力和创业的素质并不应被区别对待，这些素质即使婴儿也可以具备："如果你见过婴儿爬到不该爬的地方，你就会知道他们是毫不畏惧的。"这种无所畏惧，来源于

管理者的期望对员工的作用

员工作为团队组织的一员,容易受到团队期望、领导期望的暗示、影响、引导及塑造。

> 老板都这么说,我应该确实不适合这份工作吧。

> 笨,干不好工作

管理者认为自己的下属不行,自己的团队这也干不好,那也不能干,并公开表达自己的这种负面期望和假设,那么团队成员会在下意识心理层面通过行动来证明领导的看法是"对"的,即使能达成的目标最终也可能实现不了。

> 大家加油,我相信大家一定能完美地完成任务。

而管理者对其所率领团队和团队个体传达积极正面的期望,能够在很大程度上提升团队凝聚力和战斗力,鼓舞团队成员以"士为知己者死"的精神来达成团队目标。

所以,管理者在组织、凝聚和鼓舞成员实现组织目标的过程中,一定要注重传达积极正面期望、传递鼓舞奋进的正能量,如此才能真正激发起团队强大的潜力。

人们对自我实现的渴望。

充满激情的人总有用不完的精力，而那些商务精英往往也以不知疲倦的形象出现，生活在高压之下，而且似乎不大生病……他们的旺盛精力是天生的吗？究竟是什么让他们如此生机勃勃？

大凡成功人士都具备这样一种认识，他们更加看重自己所做的工作能给自己带来什么成长和机会。实现自我、不断突破自我，是他们成为激情人士的最大动力。赛场上的最终胜利者不一定是起跑最快的人，却是那些有强烈的成功欲望的人，是那些能够激情燃烧的"鸡血战士"。

事实上，能够将积极主动的态度转化为一种恒久坚韧的个人品格的人太少了，而这恰恰是避免人生陷入平庸的原因！

总是被动地面对命运的安排，不能勇敢地长期作出挑战，也不能寻找和把握摆脱不佳现状的机遇，人就会逐渐染上颓废和沮丧的慢性疾病，在被环境改变了内心颜色之后，最终接受现实，过着一种"人在江湖，身不由己"的生活。

正如爱默生所说："坐在舒适软垫上的人容易睡去。"被动等待的想法使得很多人在生活中习惯于观望和等待，只有让自己成为"鸡血战士"，才能让自己和团队有些好运气。

爱尔伯特·马德说："如果一个人不仅能够出色地完成自己的工作，而且还能够借助于极大的热情、耐心和毅力，将自己的个性融入工作中，令自己的工作变得独具特色、独一无二，带有强烈的个人色彩并令人难以忘怀，那么这个人就是一个真正的艺术家。而这一点，可以用于人类为之努力的每一个领域：经营旅馆、银行或工厂，写作、演讲、做模特或者绘画。将自己的个性融入工作之中，这是具有决定性意义的一步，是一个人打开天才的名册，将要名垂青史的最后三秒钟。"

当员工能够积极主动地燃烧自我，充分发挥自己的能量的时候，他的价值就能得到体现。成为"鸡血战士"，靠的是不断战胜和超越自我的决心和勇气，并将这种决心和勇气付诸实践。

人是一个复杂的矛盾体，既有求发展的需要，又有安于现状、得过且过的惰性。能够卧薪尝胆、自我警醒的人少之又少。更多的人需要的是鞭策和当头棒喝式的促动，而管理者需要做的就是激发员工的热情，让他们燃烧自我，成为真正的"鸡血战士"。

¤ 投入100%的激情

团队管理者希望自己的员工具有这样的表现：视热情如同生命，毫不保留，有多少力出多少力，要做就做最好的，哪怕是1%的小事也要用100%的热情投入其中。唯有如此，团队的发展会因为这群充满激情的人而充满活力与生机。

热情是激发工作动力的熊熊烈火。用100%的热情去做1%的事情，员工可以在自己的职业生涯中完美地起飞，团队也会因此而不断走向成功。

人一旦有热情就会受到鼓舞，鼓舞为热情提供能量，工作也因此充满乐趣。即使工作有些乏味，只要善于从中寻找意义和目的，热情也会随之而生。而且，当一个人对自己的工作充满干劲时，他便会全身心地投入工作之中。这时候，他的自发性、创造性、专注精神就体现出来。

在 NeXT 公司的时候，乔布斯对细节和完美的追求近乎疯狂。他在决定 NeXT 机箱外该使用何种黑色颜料时，不厌其烦地比对几十种不同的黑色颜料样本，又几乎对每一种都不满意。这把负责机箱制造的员工折腾得苦不堪言。

他还要求工程师把 NeXT 机箱内部的电路板设计得漂亮、吸引人。工程师不解地问："电路板只要清晰、容易维护就好了，为什么要吸引人呢？谁会去看机箱里的电路板呢？"

"我会。"乔布斯说。

事实证明，一个人能够在工作中创造出怎样的成绩，很大程度上取决于他是否具备热情。一个人只要竭尽全力，即使他所从事的只是简单平凡的工作，即使外界条件并不有利，他仍然可以在工作中创造出骄人的成绩。

一个人无论从事何种职业，无论平凡还是炫目，都应该全心全意、充满热情，这不仅是工作的原则，也是人生的原则。很多人工作没有做好，遭到老板批评还一副委屈的模样："我已经尽力了啊！"殊不知，做任何事情要想获得好的结果，就不能仅仅尽力而为，而必须全力以赴，在每件小事上投入 100% 的热情。

弗兰克·帕特在做人寿保险推销工作之初业绩平平。这时，卡耐基的一句话点醒了他，卡耐基说："弗兰克·帕特先生，你毫无生气的言谈怎么能使大家感兴趣呢？"于是，他决定以自己最大的激情来做推销员的工作。

有一天，弗兰克进了一个店铺，怀着极大的热情试图说服店铺的主人买保险。店主人大概从未遇到过如此热情的推销员，只见他挺直了身子，睁大眼睛，一直听弗兰克把话说完，而且最终没有拒绝弗兰克的推销，买了一份保险。从那天起，弗兰克的推销工作才真正开始。

毫无生气的语言，足以使得一个保险推销员业绩惨淡。每一件小事，都是能够影响我们工作成果的大事。一个对自己工作充满热情的人，无论在什么地方从事何种职业，他都会认为自己所从事的工作是世界上最神圣、最崇高的一项职业；无论工作的困难多大，或是质量要求多高，他都会一丝不苟、不急不躁地完成它。

面对小事情时，也要求员工拿出百分百的精力，哪怕中间的过程很艰难，也要饱含激情，攻克一切困难。

¤ 给员工"提气"

团队的管理者需要为自己的员工"提气"，从各个方面鼓励员工保持自己的理想并充满干劲地去实现理想。

"胸中有了大目标，泰山压顶不弯腰"。小草有根才能发芽，人只有志向高远才能取得大的成就。管理者必须看到这一点，以员工自身的目标定位，处处给员工打气。

一个人只有树立远大的理想和目标，才有可能去为之奋斗，去实现自己的理想，才有可能突破现在能力的局限，走向成功的彼岸。

小虾米一定要有个鲨鱼梦。希望越大，责任就越大，动力也越大。既有高远志向，又要有切实的努力过程，这是一种人生智慧也是一种人生态度。现实社会中的很多人都在立志，但是不敢立大志，对自己缺乏足够的自信。管理者应该让自己的员工深信，志当存高远，要立志就要立大志。俗话说，"有志者事竟成"，只要我们有坚定不移的奋斗目标，相信终有一天，我们能够实现它。

对于有潜质的员工而言，管理者必须时时关注，并且适时地给予鼓励。以下的方法，可以帮助你的员工成为你所期待的"中心员工"。

1. 让他学会推销自己

成功地推销出去自己，是自身价值得到证明的前提，所以他要有自我推销的意识和勇气。一定要主动打开心门，不可坐在房内等待上帝驾云而至。

2. 让他时常要告诉自己：我是谁，我应该得到什么

下面是一些积极的主张，他可以将这些主张用于自己日常的工作中，并作为基本原则。要求他在一个月的时间内每天将这些内容读五遍，保证他会感到自己以及自己的境遇发生了改变：

（1）不管头衔和职位如何，我像公司中的每一个人那样重要。

（2）我有被礼貌对待和受到尊重的权利。

（3）我是独一无二的人，我对公司做出了一定的贡献。

（4）我有自己的事业和生活。

（5）我选择健康的态度和意见。其他人的态度和意见只能代表他们自己。

（6）我只是一个人，每次只能做一件事情。

（7）我有权利过和谐的生活，生活中并不全是工作。

（8）我有权利说"不"。

（9）个人成长和过上幸福生活是我的头等责任。我对自己照顾得越好，就会对公司和其他人付出越多。

（10）我完全有能力应付工作上的事。

（11）除了当前的工作，我能够选择更多。

（12）我有犯错误的权利。

（13）今天我支持自己。

这些积极的主张也许还没有改变你的生活，但它至少是一个好的开始。正如人们经常说的那样，态度决定行为。如果你的员工打算改变自己的生活，他必须先改变思维方式。

¤ 以百米赛跑的速度奔跑

《瓦尔登湖》的作者亨利·戴维·梭罗曾经说过:"一个人如果充满激情地沿着自己理想的方向前进,并努力按照自己的设想去生活,他就会获得平常情况下料想不到的成功。"激情者总是听得到内心的声音,而且跟着走,他们能分辨对激情不利的因素,并努力消除倦怠的因素。如果你已经开始对工作产生倦怠情绪了,那么,你就应该遵循内心的声音,追求你想要的工作状态与工作目标,从倦怠中解脱出来。

当帕克刚开始成为一个职业棒球运动员时,就遭受到了一次很大的打击。他被球队开除了,原因是动作无力、没有激情。球队经理对帕克说:"你这样对职业没有热情,不配做一名棒球职业运动员。无论你到哪里做任何事情,若不能打起精神来,你永远都不可能有出路。"

后来,帕克的一个朋友给他介绍了一个新的球队。在到达新球队的第一天,帕克作出了一生最重大的转变,他决定要做美国最投入的职业棒球运动员。结果证明,他的转变对他具有决定性的意义。帕克在球场上,就像身上装了马达一样,强力地击出高球,接球手的手臂都被震麻木了。

有一次,帕克像坦克一样高速冲入三垒,对方的三垒手被帕克的气势给镇住了,竟然忘记了去接球,帕克赢得了胜利。在一次次的比赛中,他的球技好得出乎所有人的想象。帕克的状态也感染了其他队员，大家都变得激情四溢。最终，球队取得了前所未有的佳绩。当地的报纸对帕克大加赞扬："那位新加入进来的球员无疑是一个霹雳球手，全队的人受到他的影响，都充满了活力，他们不但赢了，而且他们的比赛成为本赛季最精彩的一场比赛。"

帕克在刚开始成为棒球手时，并没有投入激情，他因为先前的打击不能去证实自己内心对成功的渴求。但是，当他来到新的球队，下定决心做一个最投入的职业棒球运动员的时候会，激情赋予了他无限能量。

不难发现，其实所谓始终以百米速度奔跑，无外乎隐含了两个关键词，一个是努力，一个是坚持。努力是竭尽全力的努力，坚持是锲而不舍的坚持。无论是工作还是生活中，成功的过程漫长而艰苦，努力提供了速度维度的保障，坚持提供了时间维度的保障。

创新工场董事长李开复在攻读博士学位时，通过自己的努力把语音识别系统的识别率从以前的40%提高到了80%，学术界对他的工作给予了充分的肯定。当时，他的老师认为，只要把已有的结果加工好，写好论文，几个月之内他就可以拿到博士学位了。

但是，李开复不但没有放松，反而更加抓紧时间研究攻关，甚至为此推迟了他的论文答辩时间。那时候，他每周要工作7天，每天工作16个小时。这些努力没有白费，它们让李开复的语音识别系统百尺竿头更进一步，识别率从80%提高到了96%。在李开复毕业之后，这个系统多年蝉联全美语音识别系统评比的冠军。

给予员工适当的压力

"同心协力,月底前完成这个新项目!"

压力可增强员工的环境适应能力。反复碰到压力较大的情形,可以锻炼身体和心理的掌控能力,从而不至于遇到危机就如临大敌慌了阵脚。

压力会使员工追求卓越。正面的压力,也叫积极压力,会帮助员工进入一种"流畅"的状态,让他高度清醒、高度集中地参与到工作中去。

"为了家人,我要走得更高!"

晋升之路

"你们每个人都像一根木尺,加压到一定程度就会被压垮。"

但是,给予员工的压力不宜过大,就像让一根木尺不断地弯曲,到了某种程度它自然会断裂,员工也是一样,加压到一定程度就会撑不下去了:不仅影响工作效率,更有可能危害员工的身体健康。

如果李开复当时在 80% 的水平上止步不前，骄傲自满，而不去做得更多更彻底的话，他或许也就不可能取得今天这样辉煌的成果了。

著名企业家李嘉诚曾经说过："做生意不需要学历，重要的是全力以赴。"

世界第一 CEO 杰克·韦尔奇也曾经说过："干事业实际上并不依靠过人的智慧，关键在于你能否全心投入，并且不怕辛苦。实际上，经营一家企业不是脑力工作，而是体力工作。"

要让优秀的员工始终以百米赛的速度奔跑在职场的跑道上。因此，管理者要明确地告诉他关于你的期望，让他为自己争取每一个成长与提升的可能。

¤ 激发员工的工作热情

"审美疲劳"原本是美学术语。具体表现为对审美对象的兴奋减弱，不再产生较强的美感，甚至对对象表示厌弃。

爱情中存在审美疲劳的现象：再漂亮的美女，看久了也会失去视觉刺激。工作也有"审美疲劳"，长期处在同一领域，对于相同的信息每天都要大量地接受，难免会产生厌烦感觉以及心理上的疲劳，从而失去最初的新鲜感，感到乏味、枯燥，提不起精神，引发职场倦怠症。

常有人形容公司职员有所谓的"三天""三个月"和"三

年"这三个关卡。也就是说,上班三天,便会心想:"原来公司不过如此!"原本的幻想在此时几乎烟消云散。三个月时,对公司的状况与人事都已熟悉,被交付的工作也大概都可以应付,便开始进入东嫌西嫌的批评阶段。从上司说话的态度到办公室的布置,每一件事都有能挑出毛病的地方。经过三年之后,差不多也可以独当一面了,如果这时还觉得工作不适合自己,那么大可以一走了之。

从以上三个"关卡"可以看出,一般员工在经过最初的摸爬滚打之后,最容易产生消极的思想,认为自己这辈子已经步入一个既定的轨道,不再有种种年轻的冲动与欲望,只要安分守己、按部就班地走下去就可以了。甚至有的人,开始对工作产生不满、应付的心理。

实质上,一般情况下,产生职业审美疲劳的原因是由于长期的重复性劳动,对于工作本身的厌倦感,已经使自己无法对自身的工作成果产生主观上的满意,即职业满意度不足。在没有足够的职业安全感的状态下,职业动机变得模糊,进而产生审美疲劳。

对于工作,不仅需要低姿态进入,更需要保持一份最初的好奇心对待手中的工作。

如果你能想办法为员工注入新的活力,想办法往里面加点糖,或者根据个人口味,加适量葡萄干、菊花茶等新鲜的激情元素,那怎么会审美疲劳呢?

第7招

赞美激励：
巧送"高帽"，如愿塑造人

¤ 表扬要客观公正

领导赞扬下属实际上也是把奖赏给予下属，也是一种分蛋糕的事，这就要求公平、公正。但有的领导不能摆脱自私和偏见的束缚，对自己喜欢的下属则极力表扬，对不喜欢的下属即使有了成绩也看不到，甚至把集体参与的事情归于自己或某个下属，常常引起下属的不满，从而激化了内部矛盾。这样的领导不仅不总结经验，反而以"一人难称百人意"为自己解脱，实在是一种失败。要做到公正地赞扬下属，领导必须妥善处理好下面几种情况。

首先，称赞有缺点的下属要客观。十指伸开都不一样长，下属也是各有长短。有的下属缺点和弱点明显，比如工作能力差、与同事不和、冲撞领导，这些缺点一般都受领导的厌恶，领导对这样的人也容易产生一叶障目的错误，看不到他们的成绩和进步，或者认为成绩和进步可以与缺点抵消，不值得称赞。

其实，有缺点的人更需要称赞。称赞是一种力量，它可以促进下属弥补不足、改正错误，而领导的冷淡和无视则使这些人失去了动力和力量，无助于问题的解决。在一般人心目中常常这样认为，受到领导称赞的人应该是没有很多缺点的人，受到赞扬应该把自己的缺点改掉，才能与领导的称赞相符，同事看了也提不出意见。

陈某上班经常迟到，杨经理看在眼里但没有说出来。一次，陈某来得很早，恰好在电梯口碰到杨经理。杨经理赞扬陈某道："来得很早啊！公司的员工都像你这样就好了！"当着那么多人的面，陈某当时可算露脸了，还谦虚了几句。后来，陈某细细琢磨了一下杨经理的话，觉得应该改正错误才能对得起杨经理的夸奖。从此，陈某不再迟到了。

杨经理虽然表面上没有批评陈某迟到的事，但心里确实不满。他是一个肚量大且公正的人，发现陈某改过立即表扬，收效甚好。

其次，对自己喜欢的下属，称赞时要把握好分寸。领导与下属交朋友很常见，每个领导都有几个比较得意的下属，不仅工作合作愉快，而且志趣相投。称赞这样的下属也要不偏不倚，把握好分寸，不能表扬过分过多，也不要不敢表扬。

表扬过分过多，一有成绩就表扬，心情一高兴就夸奖几句，喜爱之情溢于言表，很容易引起其他下属的不满，与其说是搞好上下级关系，倒不如说是在弄僵上下级关系。也有的领导怕别人看出与某个下属关系密切，因而不敢表扬，这也是错误的做法。

领导喜欢某个下属无可非议，但要一视同仁，公平对待，该表扬的表扬、该批评的批评，不能搞差别待遇。对自己喜欢的下属可以作私下的朋友，相互帮助，相互促进，但感情归感情，工作归工作，在工作上还是严格要求、公平对待好。

再次，称赞比自己强的下属要公正。现代社会中什么能人都有，许多单位里也不乏"功高盖主"的下属，一些下属在某些方面也超过领导，从而使领导处于一种不利的局面。小肚鸡肠的领导往往会容不下这些强己之处，对这些强人或超过自己长处的人不敢表扬，甚至采取打压的办法，这也有失公正。

刘邦在这方面就做得很好，能够公正地称赞臣下的过己之处。一次，他在与大臣谈论打败项羽的原因时，除了说明自己会用人之外，还赞扬张良、萧何、韩信：要说运筹帷幄之中，决胜千里之外，他不如张良；要说整治国家、抚慰百姓、供应给养、保证粮道畅通，他不如萧何；至于统一指挥百万军队，攻无不克，战无不胜，他就不如韩信。一个封建帝王竟然也有此等胸怀，公正地称赞大臣的才能，实在值得当今的领导仿效。

最后，不要把集体的功劳归于一人，更不要据为己有。单位的工作成绩往往是下属和领导集体智慧的结晶，是齐心协力的结果，在评功论赏时要表扬集体，而不能归于一人，有失公道。有的领导贪功心切，为向上司请赏，汇报工作时往往据为己有，这种做法其实很不明智，迟早会露馅，最终会搬起石头砸自己的脚。

¤ 挖掘优点并加以赞赏

赞美是最有效的激励手段之一,同样可以运用在管理中,达到激励的最佳效果。心理学家威廉姆·杰尔士说:"人性最深切的需求就是渴望别人的欣赏。"优秀的管理者要巧妙运用赞美激励你的员工。管理者希望下属具有怎样的优点,就要怎样地去赞美他。美国化妆品皇后玫琳·凯的成功之道就在于善于用赞美来激励自己的员工。

玫琳·凯认为,人的天性喜欢被人赞美而不喜欢被人批评。她在自己的公司中倡导了一种重要的管理理念——赞美。为了赞美员工,从玫琳·凯这位最高领导到最下层的主管,都努力地去发现每一个员工的优点,不放过任何一个赞美员工的机会。

有一次,业务督导海伦新招进一位美容顾问,这位顾问由于经验不足,因此两次展销会上没有卖出一美元的化妆品。在第三次展销会上,她终于卖出了35美元的产品。尽管这35美元的产品与其他人一次卖出了一两百美元的美容产品相比数目少得可怜,但玫琳·凯却大加赞赏:"你卖出了35美元,比前两次强多了!你是很有前途的。"老板诚恳的赞扬,令这位推销员很受鼓舞,通过自己的努力一直做了下去,后来被提升为业务督导。

玫琳·凯认为赞美可以激励员工发挥他们的潜能、实现他们的理想,可以建立他们的信心,并使他们更快地成长。为此,她出版了一本专门的月刊《喝彩》杂志。杂志主要是对销售新人、团队领导方面有突出表现的员工给予书面表彰。因而在公司内形成了你追我赶的局面，公司事业蒸蒸日上。缘于此，玫琳·凯化妆品公司的销售网络不断得到扩展，成为美国乃至世界上最具影响力的化妆品之一。

玫琳·凯认为，赞美是一种有效而又不可思议的力量。的确如此，赞美能够使员工树立自信、提高工作热情，并且可以进一步提高工作的效率。作为管理者，对于这种不需要成本而效果明显的激励"武器"，为什么不经常使用呢？人的天性就喜欢听好话、受赞美。

每个人在得到来自他人的认可及赞美时，都会感到自尊心和荣誉感上的满足。而听到别人对自己的赞赏，并感到愉悦和鼓舞时，不免会对说话者产生亲切感，从而使彼此之间的心理距离缩短、靠近。人与人之间的融洽关系就是从这里开始的。

日本有关部门总结了日本战后迅速发展的原因，他们认为："日本国民的最大优点是，对外人不停地鞠躬，不停地说好话。善于发现他人的长处，善于赞美别人是日本迅速繁荣的一个重要原因。"

很多时候，如果没有赞美，我们便很少会主动为自己设太高的目标，而有了赞美，有了鼓励，为了不辜负别人的欣赏与肯定，我们更加严格要求自己、全力以赴地做好眼前的工作。由此可见，赞美也是一门艺术，管理者要理解员工的动机和需求，给予员工恰到好处的赞美是企业付酬最低却能换回效果的最佳方式之一。

管理者要学会多对自己的员工表达认可和欣赏。但赞美方式不恰当就成了变相批评，甚至有时候比批评还难受。赞美也是有技巧的：

首先，赞美要及时。一旦发现员工的优点或取得了成绩，立即赞美他，为他打气，过时的赞美无效。宝马首席执行官赫尔穆特·庞克每次与管理人员谈话时都会问："今天，你表扬员工没有？"他说，表扬应该"现在进行，不要因为有急事而改为明天"；并且要结合具体事情赞美你的员工；表扬时要有感情，语气要诚恳，可以拍拍员工的肩膀或者给他一个加油的手势。管理者可以在每天下班前，抽出几分钟时间写个便条对表现好的员工表示赞美。

其次，要公开赞美。赞美要尽量以公开的方式对优秀的员工进行表扬。一位企业家说："如果我看到一位员工杰出的工作，我会特别兴奋。马上冲进大厅，告诉所有其他员工这个人很优秀，取得了成果。"其实他的用意不仅仅告诉大家如何把工作做好，更重要的是想说明要想获得赞美只有把工作做好，更好地引导大家努力工作。

优秀的管理者总是善于在表扬中一箭双雕，既鼓励了先进，又鞭策了落后。因为对先进的表扬，也就意味着对落后者的批评。由于这种批评间接地起到一种引导与鞭策的作用，往往比直接的批评更有说服力，更有利于激发落后者的内在动力。

再者，赞美要注意真诚和客观。表扬要实事求是、客观公正，管理者要发自内心地赞美，语言、表情要严肃认真，不能给人造成虚假做作、漫不经心的感觉。如果一边看报、喝茶，一边说几句赞美的话，即使再动听的语言，员工听着也不舒服，只会以为是讽刺他或敷衍他。

¤ 表扬方式要灵活多变

每个下属都希望得到管理者的表扬，因为这就意味着自己的工作受到了肯定，也说明自己在管理者心中有一定的地位。同样，管理者也要不断地通过表扬与赞美下属，使他们有一种成就感。但是，也并不是所有的表扬与赞誉都会产生好的效果，事实上，不加注意、随意的表扬或赞美往往还不如不表扬。

1. 不轻易表扬

赞美本身虽是好意，但如果经常予以不痛不痒的赞美，对方在习以为常之后，便不再心存感激了。也就是说，对方已在心理上形成一种习惯，就像寓言中，看守羊群的孩子一再喊"狼来了"欺骗众人，当狼真的来了时，众人反而不再相信他一样。所以，一旦当事者不认为值得赞美而你予以赞美时，他不会心存感激；虽然你是真心诚意要赞美，但得不到预期的效果。管理需要赞扬这种艺术，但千万不要使赞扬泛滥。

2. 挖掘下属的优点

管理者的表扬与赞美，就意味着下属的工作受到了肯定，

表扬下属要讲究方式方法

表扬本来是激发热情的一种有效方法，但有时运用不当则可能会使下级反感。因此，在表扬的时候，一定要注意方式方法。

> 这次小李表现突出，在××项目中做出很大成绩，我对他提出表扬。

要具体，切忌含糊其辞

> 这是这次设计获奖的名单，你蝉联两届冠军，你可真是才华横溢的优秀青年啊。

多表扬对方的才华

> 这次多亏小张的突出表现，我们组又成为销售冠军，今后我也要多向小张学习啊。

放下架子

> 合作商非常喜欢你的设计，这次合作成功都是你的功劳啊。

少说"我"，多说"你"

得到了管理者的重视与注意，不仅会使被表扬者更加努力工作，还会使他们对管理者产生好感。但管理者如何满足下属这种心理与精神上的需要，则是很有艺术和方法的。表扬得好，可以使管理者的威信倍增，更加顺利地开展工作，使手下人愉快地接受和听从其指示、命令；反之，管理者只一味指责下属的不足和缺点，或不加选择、随意滥用这一手段，却会适得其反。

3. 及时奖励

当下属在业务和工作上取得成绩的时候，要及时鼓励，这对于受鼓励者是至关重要的，因为他会觉得，管理者在时刻关心着自己。这儿有两个非常好的例子。

美国企业家老托马斯·沃森在对公司巡回管理时，每每见到下属们有创新和成就时，就当场开支票进行鼓励，并立即贴出告示公开予以表扬。

美国福克斯博罗公司急需一项生死攸关的技术改造。有一天深夜，一位科学家忽然解决了这个问题，于是，他招呼都没打就闯进了公司总裁的办公室。总裁听完他的来由和介绍后，不仅没有生气，反而不断地赞美他的高明，并说"简直难以令人置信"，并在心里琢磨着该怎样给他最快的奖励。但时值半夜，总裁在办公室的各个角落找来找去也只找到了一只香蕉，但他仍然躬身对那位科学家说："我现在实在找不到更好的东西奖给你了，这个先给你吃。"自此以后，"金香蕉"形的东西，就成了福克公司对有突出贡献者的最高奖赏了。

4. 通过第三者进行赞美

赞美若是通过第三者的传达，效果便截然不同了。此时，当事者必认为那是认真的赞美，毫不虚伪，于是往往真诚地接受，并为之感激不已。当然在深受鼓励之下，这位属下一定会更加认真工作，其结果自是可想而知的。

5. 不看地位大小

地位高的人所完成的工作，从绝对值来说，一般比地位低的人要大，但那是他职务上的本分，也就是说这是他工作中应做的事。因此，我们在表扬员工时鼓励论功行赏。论功行赏，就是鼓励每个部件都发挥出最好的作用，最终求得整个机器的高效率运转。论功行赏，强调的是各人在各个职位上的贡献，而不是以地位的高低进行评判。

6. 巧用暗奖手段

明奖的好处在于可树立榜样，激发大多数人的上进心。但它也有缺点，由于大家评奖，面子上过不去，于是最后轮流得奖，奖金也成了"大锅饭"了。同时，由于当众发奖容易产生嫉妒，为了平息嫉妒，得奖者就要按惯例请客，有时不但没有多得，反而倒贴，最后使奖金失去了吸引力。

许多国际化企业大多实行暗奖，老板认为谁工作积极，就在工资袋里加钱或另给"红包"，然后发一张纸说明奖励的理由。暗奖对其他人不会产生刺激，但可以对受奖人产生刺激。没有受奖的人也不会嫉妒，因为谁也不知道谁得了奖励，得了多少。其实有时候管理者在每个人的工资袋里都加了同样的钱，可是每个人都认为只有自己受了特殊的奖励，结果下个月大家都很努力，为争取下个月的奖金。

鉴于明奖和暗奖各有优劣，所以不宜偏执一方，应两者兼用，各取所长。比较好的方法是大奖用明奖，小奖用暗奖，例如年终奖金、发明建议奖等用明奖方式。因为这不易轮流得奖，而且发明建议有据可查，无法吃"大锅饭"。月奖、季奖等宜用暗奖，可以真真实实地发挥刺激作用。

7．更换方式

现代企业最常用的激励和表扬方法就是发奖金，管理者们不难发现，这样的效果往往并不是很好。因为事实证明，陈旧的、单调的、传统的激励方法已不能使员工们兴奋，因而也就达不到激励和表扬的效果。怎样才能给员工和下属们一些新鲜感呢？这就需要管理者开动脑筋，别出心裁地想出新颖的办法来，如像组织优秀员工旅游观光，或给他们一定的自由时间，当然还可以组织各类活动等。

某一企业的经理在给优秀的下属们发奖金的同时，又在地方电视台为他们点播歌曲和文艺节目，此举令全体员工倍受鼓舞，取得了很好的效果。新的表扬和激励方法给员工们留下了不可磨灭的印象，也使表扬得到了预期的效果。因此，表扬与激励方式一定要灵活多变，要多样化。

¤ 肯定是一份绝佳礼物

管理学家赫茨伯格认为，当一个人完成某件事，而另一个人以一些方式来表扬这个人的成就时，"肯定"便发生了。赫茨伯格告诉我们，"受肯定"是影响工作绩效最强烈的动机，是最有效的激励方式之一。

管理者提高部门和员工工作绩效、增加生产力的有效方式是，在工作中提供更多产生成就感和肯定员工的机会。员工都希望自己受到上级和同事的承认与肯定。一位管理学家说过，肯定你所希望的行为比惩罚你所不希望的行为投入的资源少，而且能取得更好的效果。虽然这种观点在很大程度上是从"经济人"角度出发的，得出的结论也单纯是一种"投入—效益"比例关系，但也从某种意义上说明了"肯定"员工行为的价值所在。

一个成功的管理者，懂得激励员工工作业绩的关键是肯定他们所做的，即使是少犯一点错也应该得到肯定。比如在检查汤姆过去两个月来的出勤记录后，你发现每个星期一，他都会迟到15~20分钟。你在星期五的时候跟他谈及这件事，并要求他准时上班。下个星期一，当他迟到两分钟的时候，你对他说："嗨！汤姆，我看到你为改正迟到所做的努力，今天已经有90%的改进了，继续保持，你将会达到一个月只迟到一天的标准。"

不难想象，当你试着使用肯定激励时，下属内心改进工作绩效的决心有多大。石油大王洛克菲勒的创业老臣、高级行政副总裁贝特·福特，就因为曾亲自领教了肯定激励的妙用，因而开始成为肯定激励的高手。

贝特·福特在一次惨败后非常沮丧，本以为会面临责难，但洛克菲勒并没有向他询问失败的详细情形，却充满鼓励地说："好极了，贝特，我们刚刚听说你在南美的事情。"贝特心想他一定会责难自己，就说："实在是一次极大的损失，设法才保护了60%的投资。"

"这已经很不错了，要不是你处置有方，哪能保全这么多呢？你干得出色，已经在我的意料之外了。"从此，贝特明白了，身为主管，如果在一个本该指责的一方却一反常态，找出一些值得赞美但也十分诚恳的话来说，其激励效果让人终生难忘。

管理者应该将这些话挂在嘴边："这看起来是做得非常好的工作。""我感谢你对这工作所做的所有努力。""谢谢你如此辛苦地工作，让我得以在最短的时间看到成果。""连我都无法把它做得这么好。"这些都是最好而且有效的肯定方式。但有些主管吝于表达，当员工试着与他沟通时，他的回答是："走开！你打扰我了，我没有时间可以浪费，我正忙着想如何提高绩效！"多妙的讽刺，他不是骑驴找驴吗？绩效找上了他，他却将其拒之门外。

其实，部分管理者吝于肯定员工是因为他们对成就的曲解。大部分管理者知道员工有一个杰出的成就时，会很快地肯定它。这就需要提醒管理者思考一个问题，他们可以随时准备好去肯定那些有目共睹的成就，但是对于那些犯错率减少的人呢？

有些管理者认为对改正错误做肯定，等于是赦免了这项错误。有些管理者没有能力把下属错误的改正当作是一个成就，他们通常认为，去对犯错误减少的人进行称赞时，不知道该如何讲，才能够避免讽刺、误解或尴尬。他们也怀疑，当一个好的员工听到一个失败的员工因为错误而被肯定时，会有什么想法。其实这些管理者的这些想法毫无必要。对待那些犯错率减少的人，解决的方法是不要因为错误而肯定，要肯定他们改正很多，往后还会更多。

增强肯定效果的方法有：要提出正面的建议，谈成功率，而不是失败率；要明确地指出受称赞的行为；员工有所成就后，立即给予肯定；赞扬无疑是最有效的肯定形式。

许多管理者发现批评要比赞扬更容易，他们因此失掉激励员工的机会。每个对工作尽心尽力的人都需要得到别人肯定。报酬固然重要，但多数员工认为获得报酬只是一种权利，是他们工作付出的交换。正如管理学者所言："报酬是一种权利；给予则肯定是一件礼物。"

很多研究表明，最能激发员工全力以赴、高水平发挥的是给予他们赞扬与肯定。一声真诚的感谢，既表达了管理者对员工某种行为或价值的欣赏，如坦诚、正直等，也能大大鼓舞员工继续表现出你所看重的行为，使这种行为蔚然成风。它所反映出来的不仅是你的工作能力，更反映出管理者掌握全局、着眼整个工作环境的能力。

管理者肯定下属的方法有很多，比如举行庆祝活动，向那些为成功做出贡献的人表示感谢和肯定，或在公司简报中宣扬此类成功故事等。无论如何，你要记住，如果你鼓励员工的某种行为，那么看到这一行为时就做出肯定吧，这是对于每个员工都屡试不爽的。

¤ 让每个人觉得自己最受青睐

有位老板接到一单任务相当重的业务，客户要求必须在半天内把一批货搬到码头上去，而老板手下只有十几个伙计，半天之内很难完成。

为了解决这个问题，老板苦思冥想一夜，第二天一早，他亲自下厨做饭。饭做好了，老板把饭给伙计盛好，而且还亲手捧到他们每人的手里，把饭给每个伙计时，老板脸上都摆出一副极有深意的表情。

一个姓刘的伙计率先接过饭碗，拿起筷子正要往嘴里扒时，一股诱人的香味儿扑鼻而来。他急忙用筷子戳开一个小眼儿，发现竟然有三块油光发亮的红烧肉躺在米饭下面。他终于明白了老板看自己时那意味深长的表情，于是立即转过身，狼吞虎咽地吃起来。

一边吃他一边想："老板真是看得起我，今天我一定要多出点力！"于是那天干活的时候，他一改往日懒散，把货装得满

赞美下属是一种领导艺术

赞美下属是一种领导艺术,领导者应该灵活掌握赞美下属的技巧与方法,让下属觉得你肯定、认同了他的成绩,就会更加努力地做好本职工作。

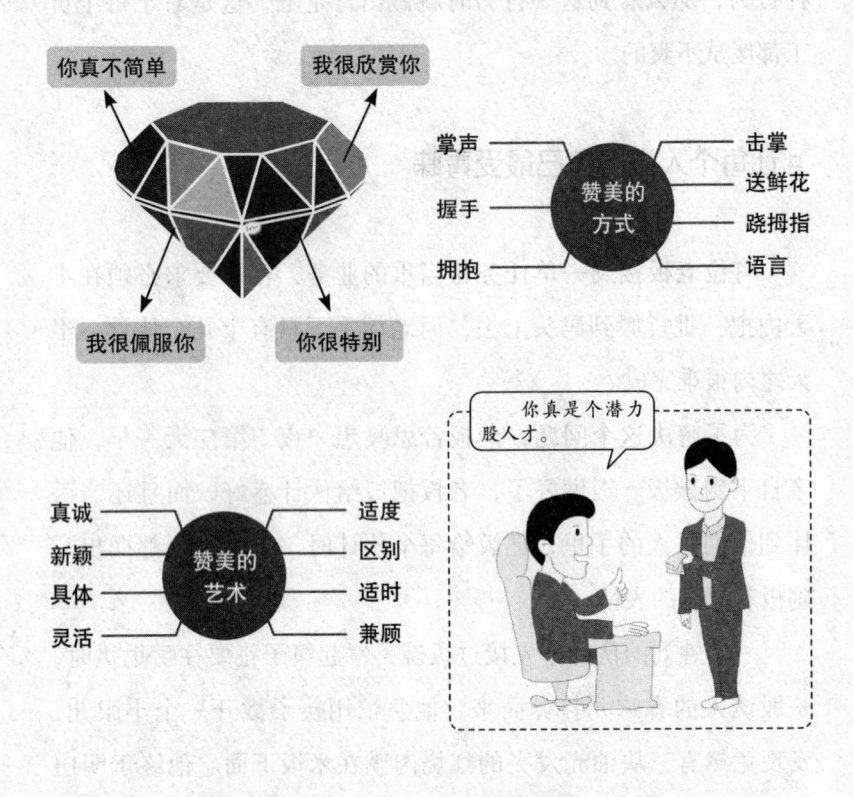

你真不简单　我很欣赏你
我很佩服你　你很特别

赞美的方式:掌声、握手、拥抱、击掌、送鲜花、跷拇指、语言

赞美的艺术:真诚、新颖、具体、灵活、适度、区别、适时、兼顾

你真是个潜力股人才。

满的,一趟又一趟来回飞奔,汗如雨下也不顾得擦。整个上午,其他伙计也都和他一样卖力,所以一天的活,只一个上午就干完了。老板在旁边偷偷乐了起来。

老板为什么要单独在每个人碗底放红烧肉,而不是端在桌子上大家共分享呢？红烧肉单独放在每个人碗里产生的激励作用，与放在桌上共享的激励作用，究竟哪个会更大一些呢？很显然，故事中的老板这么做，意在激励每一个人，而那位老板的做法妙处在于，他让每个员工都感到这份激励只是针对自己。如果这碗红烧肉放在桌子上让大家去夹着吃，那大家就不会如此感激老板了。正面想一想，老板的这种精明其实也是一种很用心的精神激励手法。对于管理人员来说，怎样让大家吃红烧肉而且吃得有劲头，是个永恒的且常新的话题。

　　作为员工，每个人都渴望得到精神激励，在获得有效激励的时候，他们都会因为这种激励而产生自豪感、成就感。从表面上看，老板给了所有员工三块红烧肉作为物质激励，但事实上，老板给予员工的是精神上激励，这种激励使员工意识到自己与众不同，为了感激老板的高看，他们自然会加倍努力、愿意"士为知己者死"了。

　　所以说，如果你是这样一位管理者，就要用良好的工作环境传达关爱之情，有亲自为员工端茶倒水的思想，抓住给员工雪中送炭的时机，了解员工的真正生活。要知道，无薪的精神激励更能体现管理者的领导能力和企业管理水平。

第8招

竞争激励：
在你追我赶中激活员工战斗力

¤ 为团队引入"鲶鱼"

"鲶鱼效应"的实质是激励精神，通过激励产生上进的因素。"鲶鱼效应"的作用在于调动员工的积极因素，有效激活员工工作的热情和激情，让员工在刺激作用的驱动下展现活力，使之更好地为团队的发展服务。

任何一个团队都一样，如果人员长期固定不变，难免会产生惰性。日本的本田公司在这一方面做得极其出色，很多企业争相效仿。

起初，本田公司并没有认识到"鲶鱼效应"的作用。

有一次，本田对欧美企业进行考察，发现许多企业的人员基本上由三种类型组成：第一类是不可缺少的精英人才，大约占人员总数的20%；第二类是以公司为家的勤劳人才，大约占人员总数的60%；第三类是终日吊儿郎当、不爱工作、效率低下的人。

鼓励员工之间的竞争

作为管理者，就应该鼓励内部竞争。唯有鼓励内部竞争，才能冲破惰性和陈腐势力的束缚，造成一个"人人争当先进"的良性竞争的局面。

唉呀，我最后一名，看来要努力了！

数据比较：把员工的行为结果用数据对比的形式反映出来。

把你们四个人分成两组，哪个组的方案好，我就用谁的！

采用分组竞争的方式。

你们谁赢了，我就让谁当主管！

设置竞争对手，让员工之间主动展开竞争。

竞争机制可以扶植一大批有发展潜力的人才，并通过他们，带动更多的下属投入到你追我赶的良性竞争之中去。

大约占人员总数的 20%。与欧美公司相比，本田先生认为在本田公司的人员中，缺乏进取心和敬业精神的第三种人还要多些。

这部分人创造的价值和公司对他们的付出不符，是拖后腿的一类人。那么，如何使前两种人增多，使其更具有敬业精神，而使第三种人减少呢？这个问题困扰了本田很久。他曾想到把这些人完全淘汰，但是，仔细思考后，他认为即使把这一批人淘汰，新招的人中间还会继续有这样的一类人。全部淘汰，显然不是科学的办法。

本田决定进行人事方面的改革，为公司引进一条鲇鱼。他首先从销售部入手，因为销售部经理的观念与公司的精神相距太远，而且他的守旧思想已经严重影响了他的下属。如果不尽快打破销售部的沉闷气氛，公司的发展将会受到严重影响。经过周密的计划和努力，本田终于把松和公司销售部副经理、年仅 35 岁的武太郎挖了过来。

武太郎的到来，使本田公司销售部上下吃惊不小。接任本田公司销售部经理后，武太郎凭着自己丰富的市场营销经验和过人的学识，以及惊人的毅力和工作热情，受到了销售部全体员工的好评，员工的工作热情被极大地调动起来，活力大为增强。公司的销售出现了转机，月销售额直线上升，公司在欧美市场的知名度不断提高。

应该说，武太郎是一条很好的鲇鱼。本田对武太郎上任以来的工作非常满意，这不仅在于他的工作表现，而且销售部作为企业的龙头部门带动了其他部门经理人员的工作热情和活力。从此，本田公司每年重点从外部"中途聘用"一些精干的、思维敏捷的、30岁左右的生力军，有时甚至聘请常务董事一级的"大鲇鱼"。本田公司随着不同鲇鱼的到来，公司内部再无沉闷之气，业绩蒸蒸日上。

本田公司的事例说明，当一个组织的工作达到较稳定的状态时，常常意味着员工工作积极性的降低，"一团和气"的集体不一定是一个高效率的集体，这时候"鲇鱼效应"将起到很好的"医疗"作用。

松下电器（中国）公司原总经理张仲文在接受记者采访时曾说过："保持一个企业充满生机，正常高效地经营，评价是很重要的人事管理手段。"

优秀的管理者总是善于通过引进良性竞争机制，以竞争来促进"释放"员工的工作积极性，使员工自觉摒弃安于现状的心理，从而实现人人积极进取。

人才是事业成败的关键，良性竞争机制要打破论资排辈，构造全新的人才晋升渠道。为年轻人才提供一个能充分发挥自己优势的空间，使工作蕴含激励力量。

当然，也可以从团队内部引入竞争机制，在企业内部找到"鲇鱼"。如果一个公司缺乏内部激励机制、竞争机制，就不会拥有富有活力的企业文化、员工就会丧失危机意识。

而为挖掘、寻找企业内部的"鲇鱼"，企业可以采取以下三种有效的管理方法：(1)推行绩效管理，用压力机制创造"鲇鱼效应"，让员工紧张起来；(2)在组织中构建竞争型团队，通过公司内部的评选机制制造鲇鱼队伍；(3)寻找公司的潜在明星并加以培养，通过发现和提升潜在的鲇鱼型人才去激活员工队伍。通过引进外部"鲇鱼"和开发挖掘企业内部"鲇鱼"相结合的办法，管理者就能充分利用"鲇鱼效应"保持团队的活力。

¤ 寻找"弼马温"式的人物

《西游记》中的孙悟空被封为"弼马温"，这是大家耳熟能详的事。很多人并不知道真实的"弼马温"是什么样的。

两千多年前，我国一些养马的人在马厩中养猴，以弼马瘟。据有关专家分析，马是可以站着消化和睡觉的，只有在疲惫和体力不支或生病时才卧倒休息。在马厩中养猴，可以使马经常站立而不卧倒，这样可以提高马对血吸虫病的抵抗能力。另外，因为猴子天性好动，这样可以使一些神经质的马得到一定的训练，使马从易惊易怒的状态中解脱出来，对于突然出现的人或物以及声响等不再惊恐失措。

在马厩中养猴，以"辟恶，消百病"，养在马厩中的猴子就是"弼马温"，"弼马温"所起的作用就是"弼马温效应"。

从某种程度上来说，企业组织类似于马群。而那些个性鲜明、我行我素，同时又能力超强、充满质疑和变革精神的员工，就是企业中的"弼马温"。在一些组织中，他们被叫作"问题员工"，甚至上了"黑名单"，因为他们难以管理。

实际上，"弼马温"式的员工是团队中的活跃因素，能活跃团队的氛围，促进团队的良性发展。

1860年美国大选结束后几个星期，一位大银行家曾提醒美国前总统林肯不要将参议员萨蒙·蔡思选入内阁，林肯问及原因，银行家答道："因为他认为他比你伟大得多。""哦，"林肯说，"你还知道有谁认为自己比我要伟大的？""不知道了。"巴恩说，"不过，你为什么这样问？"林肯回答："因为我要把他们全都收入我的内阁。"

蔡思的确是个狂态十足的家伙。不过，他也的确是个大能人，林肯任命他为财政部长，并尽力与他减少摩擦。蔡思狂热地追求最高领导权，他本想入主白宫，却被林肯"挤"了。

后来《纽约时报》主编亨利·雷蒙特拜访林肯的时候，特地告诉他蔡思正在狂热地上蹿下跳，谋求总统职位。

林肯以他那特有的幽默神情讲道："雷蒙特，你不是在农村长大的吗？那么你一定知道什么是马蝇了。有一次，我和我的兄弟在肯塔基老家的一个农场犁玉米地，我吆马，他扶犁。这匹马很懒，但有一段时间它却在地里跑得飞快，连我这双长腿都差点跟不上。到了地头，我发现有一只很大的马蝇叮在它身上，于是我就把马蝇打落了。我的兄弟问我为什么要打掉它。我回答说：'我不忍心让这匹马那样被咬。'我的兄弟说：'哎呀，正是这家伙才使得马跑起来的嘛！'"

然后，林肯意味深长地说："如果现在有一只叫'总统欲'的马蝇正叮着蔡思先生，那么只要它能使蔡思的财政部不停地跑，我就不想去打落它。"

这个小故事对管理者用人很有启发。越是有能力的员工越不好管理，因为他们有很强烈的占有欲，或既得利益，或权势，或金钱。如果他们得不到想要的东西，他们要么会跳槽，要么会捣乱。林肯的方法却给我们一种新的思路来理解如何激励他人努力工作。

人的欲求是千差万别的。有的人比较理想，可能更看重精神上的东西，比如荣誉、尊重；有的人比较功利，可能更看重物质上的东西，比如金钱。再懒惰的马，只要身上有马蝇叮咬，它也会精神抖擞，飞快奔跑。

实际上在一个经济组织中，也应该配备"弼马温"式的人物，以增强员工的活力，避免疲沓和懈怠，进而增进整个组织的活力。

¤ 善用同侪效应

同侪指与自己在年龄、地位、兴趣等方面相近的平辈。人总是喜欢与自己差不多的人比较，尤其是来自平辈、同伴。并且绝大多数人都会拿自己和同辈们作比较，一旦自己比别人差，就会怅然若失；如果自己比同辈出色，就会喜形于色。这样的比较无可厚非，因为人是群居动物，没有人可以单独地生活在这个世界上，每个人都希望被别人接纳、受别人肯定，希望自己在集体中有归属感。别人的看法、行为往往很容易影响自己的行为表现。

来自同侪的压力有好有坏，与积极上进的人交朋友，可能会使你也变成积极上进的人。在一个团队组织内，员工间的互动关系往往产生深远影响，进而产生同侪压力；在一个团队中，可以借由同侪压力树立团队规范，让偏离团队规范的成员承受较大的同侪压力，以提升团队的整体绩效表现。

查理·斯瓦伯担任卡耐基钢铁公司第一任总裁时，发现自己管辖下的一家钢铁厂产量很落后，便问厂长："这是怎么回事？为什么产量总是落后呢？"

厂长回答："我好话丑话都说尽了，甚至拿免职来恐吓他们，可他们软硬不吃，总是懒懒散散。"

那时，正是日班工人即将下班，夜班工人就要接班的时候，斯瓦伯向厂长要了一支粉笔，问日班的领班："今天炼了几吨钢？"

领班回答："6吨。"

斯瓦伯用粉笔在地上写了一个很大的"6"字，然后默不作声地离开了。

夜班工人接班时，看到地上的"6"字，好奇地问是什么意思。日班工人说："总裁今天过来了，问我们炼了几吨钢，领班告诉他6吨,他就在地上写了一个'6'字。"

次日早上,日班工人前来上班时,发现地上的"6"已被夜班工人改写为"7"知道输给了夜班工人,日班工人心里很不是滋味,决心给夜班工人一点颜色看看。那一天大伙加倍努力,结果炼出了10吨钢。于是,地上的"7"顺理成章的变成了"10"。

在日班和夜班工人你追我赶的竞争之下,工厂产量落后的情况很快得到改善。不久该厂产量竟然跃居所有钢铁厂之首。

只用一支粉笔,斯瓦伯便扭转了乾坤。其实仔细分析,是日班和夜班组之间的同侪压力推动了良性竞争,提高了团队的整体绩效。

心理学家斯坦利·米尔格拉姆曾通过一系列的实验得出一个重要的结论:"最能影响人们行为的因素就是:还有一个人也在场。"也就是说,团队中来自同侪效应的影响,很可能激励一个人以更加积极的心态去面对工作。

¤ 避免"劣币驱逐良币"

明朝嘉靖年间,朝廷为了维护铜币的地位,曾发行了一批含铜量非常高的铜币,结果却发现私铸的铜币比以前更多。为什么会发生这样的情况?原来市场上流通的一般铜币质量远低于新币,私铸有重利可图。私铸者还往往磨取官钱的铜屑以铸钱,这样官钱也逐渐减轻,同私铸的劣币一样;或者新币会被人收拢，融化后按照较低的质量标准重铸，从中获利。

这就是劣币驱逐良币效应。阿克洛夫在1970年发表了一篇名为《柠檬市场：质量不确定性和市场机制》的论文。"柠檬"在美国俚语中表示"次品"或"不中用的东西"。"柠檬"市场是次品市场的意思。当产品的卖方对产品质量比买方有更多信息时，柠檬市场会出现，低质量产品会不断驱逐高质量产品。阿克洛夫开创了"逆向选择"理论的先河，他本人也于2002年获得诺贝尔经济学奖。

"劣币驱逐良币"现象在很多领域都非常常见。在团队管理中，如何确保优秀的员工不被差员工挤走，这是管理者需要深思的问题。

管理过程中，可以发现不少这样的现象：好员工走了，差员工留下来了。有经济学家在评论公司进行大量不当裁员的措施时用了一个看起来很不雅观的形容词："茅坑症候群。"企业裁员的不当行为主要体现在优秀的人才离开了，平庸的人留了下来。"茅坑症候群"就是形容留下的人一定会占着位子不做事，毫无贡献可言。

"茅坑症候群"会造成企业竞争力方面的重创。这个名词有两层意义：第一层意义是没本事的庸才别无选择，因此会占着原来职位不走；另一层意义是正常的茅坑功能在于清除粪淤，保持水流畅通，而才庸平凡之辈在组织人才短缺之下，多会升到高位，生杀大权在握。

团队用人中的"劣币驱除良币"现象及对策

现代企业里，企业领导者都知道人才的重要性，但是真正落实在日常管理中的时候，却往往因为没有合理的管理方法或是不能容忍人才的某些缺点，而致使"劣币驱逐良币"的现象屡见不鲜。

情况一

片面强调人性化，低离职率，忽视人才的优胜劣汰。

对策

企业一定要下定决心，对不思进取的员工实行淘汰，人为地促进人员流动，吸收新鲜血液，形成一个良性循环的机制。

情况二

不能向人才提供有效的发展空间，促进人才的职业发展。

对策

作为管理者，应该首先对企业的未来发展有个明确的规划蓝图，同时，企业要设定持续的人才培养机制，进行长期不间断的培训，让员工在企业服务的阶段是一个不断上升的过程。

情况三

企业缺乏明确清晰的用人标准，用人不进行科学严格的筛选。

对策

确立明确的用人标准，建立科学系统的选拔体系，建立与之相匹配的薪酬、培训、发展制度，并在工作中予以坚决的执行，在执行过程中不断完善与发展。

一个不称职的管理者，可能有三条出路。第一是申请辞职，把位子让给能干的人；第二是让一位能干的人来协助自己工作；第三是任用两个水平比自己更低的人当助手。

这第一条路是万万走不得的，因为那样会丧失许多权力；第二条路也不能走，因为那个能干的人会成为自己的对手；看来只有第三条路最适宜。于是，两个平庸的助手分担了他的工作，他自己则高高在上发号施令。两个助手既然无能，也就上行下效，再为自己找两个无能的助手。如此类推，就形成了一个机构臃肿、人浮于事、相互扯皮、效率低下的领导体系。

如果企业认为人才不足，有意招聘新进人员，占着茅坑的那些庸才就会怀着私心（生怕被别人比下去），不顾一切地去淘汰真正的人才，反而开门纳入一些不至于危及自己地位的庸才。

一般而言，最常发生"茅坑症候群"现象的是人才流动僵化、工作过度有保障或制度僵硬的企业。在这些组织中，由于有本事的人先飞，留下来的反而是一些鸡肋，必须施行更多、更精的训练才能勉强担下职务所需的责任。

"茅坑症候群"就是典型的劣币驱逐良币后的恶果。所谓良币，就是企业中能提高生产力的人，能够创造效益和经济价值的人。按理说，老板会千方百计把这些良币留下来，但为什么会出现事与愿违的结果，留下一批庸才呢？这和管理者对良币的判断有关系——管理者如何得知员工良劣与否，判断的条件与准则是什么，如果判断不准，就有可能在裁员行为中造成"误杀"。

在现实中,团队成员流动往往呈现这样一种趋势:有才干、技术高的人才往往会自行另谋高就,而这些人由于有技在身,通常都能够找到适当的工作。当员工突然发现他的身价高于公司赋予他的价值时,劣币驱逐良币的现象最容易发生。为追求更高的价值,这些员工会选择跳槽。而庸才选择按兵不动,最终,平庸的人选择继续潜伏下来。结果造成该走的不走、该留的不留,朽木未砍反倒失去了良木。这正是劣币驱逐良币的绝佳例证。

由于这些劣币留了下来,新鲜血液被阻挡于大门之外,整个企业的人才库因此更见枯竭,加上好的人才被竞争对手网罗过去,敌长我消之下,企业原有的竞争优势必定会被削弱殆尽。在这种态势下,企业想转亏为盈,不啻痴人说梦。

管理者需要做的是,睁大眼睛做好自检工作,确定出清晰、科学的员工能力评审规则和业绩评判标准,最大可能地分出哪些人是企业的良币、哪些人是劣币,并对员工能力的变化进行规范的动态观察。如果企业不幸染上"茅坑症候群",就必须换下庸庸碌碌之辈,采用釜底抽薪之计,以此换回企业青春。

¤ 杜绝"螃蟹效应"

钓过螃蟹的人或许都知道,竹篓中放了一群螃蟹,不必盖上盖子,螃蟹是爬不出来的。因为当有两只或两只以上的螃蟹时，每一只都争先恐后地朝出口处爬，但篓口很窄，当一只螃蟹爬到篓口时，其余的螃蟹就会用威猛的大钳子钳住它，最终把它拖下来，由另一只强大的螃蟹踩着它向上爬。如此循环往复，无一只螃蟹能够成功出篓。

这就是著名的"螃蟹效应"。螃蟹目光短浅，只顾自己能够爬出的利益，忽视整体能够出逃的利益，甚至不惜以牺牲他人作为自己逃脱的"垫脚石"，最终却因为相互阻碍，螃蟹们都没能够成功爬出。

在某些团队中也存在着这样的现象，某部门之间或团队内部的力量进行内斗，各部门或团体只注重自己利益，置整体的持久利益于不顾，进而使整体逐渐地丧失前进的动力，如此，便会出现1+1<2，而且随着"1"增加到N个，最终的能量"和数"会远小于N，从而最终失去生命力。

员工与员工之间、员工与老板之间，因为个人利益明争暗斗；企业成员之间因为个人利益，相互排挤与的打压。最终导致的，只能是企业做不大、做不强，逐步走向没落，这样的例子在社会中数不胜数。

一山不容二虎，两个人的能力在伯仲之间，总会成为竞争对手，最终总有一个牺牲品。"鹬蚌相争，渔翁得利"，职场中有时就会出现这样的无奈，两只"螃蟹"可能是某一职位的最佳人选，但由于他们相互牵制，为了各自的利益明争暗斗已趋白热化，用了谁都会给整个团队带来不利影响，最终的结果只能是抛开他们，而选择一个相对资质较差的人。

人才的成长与涌现需要的是良性竞争环境，而不是充斥着"螃蟹效应"的恶劣环境。刚出来工作时，大家雄心勃勃，做人有棱有角，可经过几年在"螃蟹堆里的磨练"后，大多数人都变得平庸，鼠目寸光，甚至圆滑世故，安于现状，完全没了当初的激情与乐观积极。

也许在你的团队中会出现这样的人——他们不喜欢看到别人的成就与杰出表现，害怕别人超越自己，因而总是时刻想尽办法破坏与打压他人。如果一个组织受制于这种人，久而久之，工作中就会只剩下一群互相牵制、毫无生产力的螃蟹，其结果也就只有一个，那就是等待着团队的没落。

为巩固自己的地位，对贤能者进行排挤、打压以及迫害，使整个团队只存在差于自己及听自己话的人；不患寡而患不均的平均主义意识，眼红他人优秀而自己平庸，出现不配合或釜底抽薪的现象，甚至还有那些墨守成规的保守主义者，将平衡与稳定视作第一要务，怕有人打破平衡会产生其他影响。

这些都是"螃蟹效应"的体现，限制进取创新，缺乏激励机制，使贤能者被同化而缺乏改革进取意识，从而对整体间接造成极大的破坏性。

在企业中，把一个人放在不适合的位置上，无论如何也不会为团队带来效益，反而会让适合的人感到沮丧，最终的结果是伤害了群体的感情，"螃蟹效应"一触即发。一个人权力增大了，但承担的责任却没有相应地增加，这就好比你爬出篓子后，却不想承担引领者的角色，那么其他的"螃蟹"是不会信服的，从而产生"螃蟹效应"，让团队的组织性与凝聚力荡然无存，成为一盘散沙。因此，对企业来说，建立健全的用人制度，将合适的人放在合适的岗位，并让权力和责任能够对等，才能让"螃蟹们"都能感到信任和公平，而不会相互牵制。

第9招

公平激励：
公平公正的机制才会让员工努力奋发

¤ 以实现公平公正为目标

在日常的团队管理中，公平原则往往被忽视，由此造成的人才流失、团队凝聚力下降、团队目标难以实现的现象屡见不鲜。如何把握公平原则、充分调动每个成员的积极性，成了团队管理者的首要课题。

公平，即公平地对待员工。对每位员工的劳动给予能够体现"内部公平和外部公平"原则的回报，为每位员工的发展提供公平的机会和条件，在真诚合作与责任承诺的基础上展开公平竞争。可以说，公平地对待每个员工，这是团队赖以生存的必要基础。

但在实际操作中，管理者很难做到公平，因为不同的人有不同的公平标准，有时对很多人来说是公平的事，对部分人来说却意味着不公平。我们无法追求绝对的公平，但做到公正和公平却不是不可能。

团队管理要公平

在日常的团队管理中,理解并把握好公平的真正意义非常重要。

> 李总,我觉得此次评比有失公平,会引起员工的不满……

公平缺失,会造成团队成员工作积极性降低、人才流失、团队凝聚力下降,组织目标难以实现。

公平不是绝对公平,因为绝对公平是把所有事物全部平均分配,这在团队管理中本身就是不公平的表现。由此可见,重视公平管理的理念并做到公平管理是每个管理者的必修课。

> 我干得多,为什么要平均分,这对我不公平!

> 员工们,这个红包大家平均分配。

大红包

在实际工作中,管理者要从根本上改变公平的观念。坦诚地向下属说明"我只能够公正,却很难保证结果绝对公平",如果管理者自己强调"公平",员工就会用不公平来批评他。实际上,强调公正,才有最终实现公平的可能。

在企业里，管理者只有强调程序公平，才能不断强化正确的行为、抵制错误的行为。赏是对员工正确行为的一种肯定，帮助管理者旗帜鲜明地表明，员工哪种行为是自己所赞同的；罚是对员工错误行为的否定，表明哪种行为是被管理者所禁止的。

团队的员工能否得到激励，不仅是他得到了什么样的报酬，更重要的是与别人相比，这样的报酬是否公平。公平的实质是平等，它体现在对人格及其权利的尊重上。

企业的良好发展需要公平公正的气氛，公平公正有利于人才的培养与发展。事实证明，公平公正的企业文化为团队的迅猛发展起到了关键作用。

一个军队赏罚分明、公平公正，可以提升军队的战斗力；一个公司赏罚分明、公平公正，可以提升企业的市场竞争力。如果没有公平公正，一切制度都成了虚设。

造成不公平的原因，一是某些团队负责人的私心作怪，违背团队制度，独断专行造成的；二是制度不完善，尤其是对团队负责人的决策行为还缺乏有效监督。根除不公平现象，需要从这两个方面做出努力。

无疑，寻求公平是人的基本权利。公平感是人类社会活动中的一种很自然、很重要的心理现象，它对人的工作积极性影响十分明显。公平能起到激励的作用，不公平会起消极的作用。

选择公平，就有可能实现团队与个人之间的双赢，反之，团队与个人都会蒙受损失。

¤ 走出公平主义的误区

公平指人与人的利益关系及利益关系的原则、制度、做法、行为等都合乎社会发展的需要。公平是一个历史范畴，不存在永恒的公平。不同的社会，人们对公平的观念是不同的。

提到公平，就有必要了解什么是效率。效率就是人们在实践活动中的产出与投入之比值，或者叫效益与成本之比值，如果比值大，效率就高，也就是效率与产出或者收益的大小成正比，而与成本或投入成反比。也就是说，如果想提高效率，必须降低成本投入，提高效益或产出。

在团队管理中，效率和公平是永远也无法绕过去的话题。很多人认为，要强调公平，就要牺牲效率；而要强调效率，就难免要付出不公平的代价。要实现效率与公平的完美结合，谈何容易？举个例子来说：

两个孩子得到一个橙子，由一个孩子负责切橙子，而另一个孩子选橙子。最后，这两个孩子按照商定的办法各自取得了一半橙子，高高兴兴地拿回家去了。其中一个孩子把半个橙子拿到家，把皮剥掉扔进了垃圾桶，把果肉放到果汁机上榨果汁喝。另一个孩子回到家把果肉挖掉扔进了垃圾桶，把橙子皮留下来磨碎了，混在面粉里烤蛋糕吃。

从上面的情形，我们可以看出，虽然两个孩子各自拿到了看似公平的一半，然而，他们各自得到的东西却未物尽其用。

表面上看似公平,却并未达到双方利益的最大化,即资源利用效率并没有达到最优。

绝大多数人都希望同时实现公平与效率,但事实上,同时实现公平和效率往往比较难。要提高效率难免有不平等,要实现公平又要以牺牲效率为代价。

从团队管理的角度来看,分配过程中的公平化也许会影响到团队的效率。正如曾经的"大锅饭"制度,绝对的公平导致了集体的无效率。

在30余年的改革实践中,我国一直施行"效率优先"的策略,但人们发现,不公平状况的持续恶化对效率也会产生负面影响。如不公平感导致各阶层之间分配性冲突增加,从而影响经济增长。所以,并不能一味讲效率。

管理者们必须明白,不可能有绝对的公平,但在逻辑上可以做到相对的公平,团队公平公正关注点主要体现在工作量分配、工作责任、工作奖励三大方面。尤其在工作的分配问题上,可以实行专业细分尽可能细分,这样可以把具体的事物定位到具体的责任人,并且是专业所长;明确分工后责任到人,减少事后扯皮;奖励尽可能先团队后个人,尽可能事先明确具体的分钱方式。

其实,在团队运行的公平与效率之间,管理者要走出绝对公平主义的误区,体现出有奖有罚的原则,体现机会均等但结果不平均的效果,这样才能最大化提升团队的效率。

¤ 实现员工心理的公平

人的工作积极性不仅与个人实际报酬多少有关，而且与人们对报酬的分配是否感到公平更为密切。人们总会自觉或不自觉地将自己付出的劳动代价及其所得到的报酬与他人进行比较，并对公平与否做出判断。公平感直接影响职工的工作动机和行为。

一个人不仅关心自己所得所失本身，而且还关心与别人所得所失的关系。他们是以相对付出和相对报酬全面衡量自己的得失。如果得失比例和他人相比大致相当时，就会心理平衡，认为公平合理，从而心情舒畅。比别人高则令其兴奋，这是最有效的激励，但有时过高会带来心虚，不安全感激增。低于别人时同样会产生不安全感，心理不平静，甚至满腹怨气，工作不努力、消极怠工。因此，分配合理性常是激发人在组织中工作动机的因素和动力。

早在1965年，美国心理学家约翰·斯塔希·亚当斯就已提出"公平理论"：员工的激励程度来源于对自己和参照对象的报酬和投入的比例的主观比较感觉，即亚当斯的公平理论。该理论认为，人能否受到激励，不但由他们得到了什么而定，还要由他们所得与别人所得是否公平而定。

公平与否的判定受到个人的知识、修养的影响，再加上社会文化的差异，以及人们对于公平的评判标准、绩效的评定的不同，因此在不同的社会中，人们对公平的观念也是不同的。但是，面对不公平待遇时，为了消除不安，人们选择的反应行为却大致相同：或者通过自我解释达到自我安慰，主观上造成一种公平的假象；或者更换比较对象，以获得主观的公平；或者采取一定行为，改变自己或他人的得失状况；或者发泄怨气，制造矛盾；有的甚至选择暂时忍耐或逃避。

某家公司隶属于一家研究所，从事楼宇防盗、保安监控等系统开发建设。小王在这家研究所工作已有5年时间，并于年前被所里派到外地参加有关技术的培训。在这家分公司成立之初，公司总经理曾力邀小王担任分公司的工程部经理，但小王想继续留在所里研发部发展，没有接受总经理的邀请。后因研究所改制转企，小王被分流到系统集成分公司。此时，工程部经理的岗位已不再空缺。分公司总经理原打算给小王安排技术部经理的岗位，可技术部没过多久就撤了，于是小王最终成了分公司的一名普通员工。

在研究所研发部的时候，小王的工资是每月5000多元，现在公司每月只给他3000元，而工程部经理的工资是每月4000元，除此之外还有奖金收入等。而小王无论学历、资历在公司里都是最高的，况且小王所从事的工作有一定的技术含量，公司里暂时无人可以替代。

从研究所到分公司，本来心里就有落差，可公司只给他普通员工的待遇，他觉得不公平。小王找领导多次交涉未果后，愤然辞职，扬长而去。小王离去后，公司在一项工程竞标中的投标失败，而这项工作的关键环节此前一直是由小王负责的。现在公司里的其他人都不精通这个，所以公司总经理的工作陷入了困境。

分析一下这个案例，小王之所以离去是因为他觉得自己受到了不公平的对待，他觉得不公平是因为与过去相比工资下降幅度较大，尤其是与其他同事相比也有较大差距。

在许多公司，为了避免员工的不公平心理对工作效率造成的影响，都对员工工资采取保密措施，使员工相互不了解彼此的收支比率，从而无法进行比较。其实这种做法有些类似于纸里包火，其实，若要想规避不公平心理的负面效应，不但要公开大家的付出与所得，还需要建立合理的工作激励机制，以及公正的奖罚制度，并铁面无私地严格执行下去。

对于团队管理者而言，要懂得公平的艺术性，引导员工不要刻意去为点滴的不公而大动干戈。一个优秀的团体，总能做到效率与公平的兼顾，并知道何时要更注重公平。

¤ 公开是重要的前提

当今，公开透明的管理机制作为实现公平、调动员工积极性的激励措施，成了现代企业管理中的一项重要武器，早已被管理者所推崇。但很多管理者却并不熟练。

比如说，奖励本来是一种很好的激励方法，但如果这种方法运用不当，就会产生适得其反的效果。比如有的企业在评优秀、评先进中采用"以官论级法""以线划档法"等，使评奖的公正、公平性得到践踏，使荣誉的"含金量"大打折扣，那么为激励士气的奖励作用也会同时大打折扣。

李总经营企业十几年，员工从十几个人发展到几百人，公司的销量和利润也在不断攀升。然而，有一件事却在一直困扰着他，每年年底都会给员工发红包，本来是激励员工的好方法，但是却让很多骨干对他很有意见。李总是个很有侠义心肠的老板，对这些骨干也是绝对宽厚，所以身边的人跟他都十几年了。随着公司业绩的成长，大家的年终红包也就一年比一年丰厚。但李总觉得大家好像都越来越不容易满足了，虽然红包发得一年比一年多，可是私下里的抱怨却层出不穷。有人会经常向他表功，暗示他们贡献多大，应该再多给一点儿。当这些人的要求未能满足时，他们就会以怠工来表达情绪。这让李总很头痛。

李总所面临的困扰，是因为公司的"分粥"不公开、不透明而造成的。年终红包给多少，由李总自己说了算，缺乏统一的标准，倘若采用业绩提成的方式，以统一的标准来衡量，相信不会给他带来这么多困扰。

不少团队在面临"分粥"时，都会遇到这样的难题。原本以为"分粥"极尽公平，却不曾想员工为此翻天覆地，大喊不公平。原因出在哪儿？还是出在不公开、不透明上。

无独有偶，有一家生产电器配件的私营企业，由于公司在奖励机制上的不透明，使得员工相互猜疑，老工人、管理人员、技术人员都在不停地流失，而且在岗员工也大都缺乏工作热情。尽管该公司努力调整了员工的工作条件和报酬，但效果仍然不尽如人意。

这家公司有把员工分为三个档次：在编职工、工人和特聘员工。在编职工是和公司签过劳务合同的员工，主要是公司的技术骨干和管理人员；工人是通过正规渠道雇用的生产工人；特聘员工专职兼职都有，是外聘来的高级技术性人才。每当公司卖出一大批配件或签下一大笔订单，将要发放奖金时，工人和在编职工的奖金是通过薪资表格公开发放的，而特聘员工的奖金则是以红包的形式发放的。由于特聘员工都是些高级人才，所以他们的奖金通常是在编职工的数倍。

但是，让管理者没有想到的是，这种奖励措施却极大地挫伤了员工的积极性。由于领导者没能公开宣布特聘员工的特殊贡献，所以在一些工人和在编职工在得知特聘员工的奖金是他们的几倍后，都认为公司不能公正地对待他们，引起了他们强烈的猜疑和不满。与此同时，特聘员工也非常不满，他们当中有一部分人认为发放给自己的奖金太少，所以认为公司不承认他们的价值，把他们当外人看。甚至有的人还误以为工人和在编职工肯定也收到了这种红包，而他们是公司的自己人，数额肯定比自己多得多。因此，他们认为自己的努力并没有得到公司公正的认可。结果，这家公司付出重金奖励的手段，不仅没

公平重在公开透明

缺乏公开透明，是许多管理者普遍存在的问题，这会造成团队成员的疑虑、纠结，让团队成员认为不公平，从而降低成员工作积极性。

> 那样就太不公平了！

> 小王平时也不突出呀，怎么升职了，是内定的吧！

升职名单 ××× ××× ××× ×× ××

在人事方面，若员工不知道任命的具体标准和原因，就容易造成误解。

> 王总，不知您发奖金的标准是什么，明明我的业绩比××好，为什么奖金却没有他高，这不公平。

在奖罚方面，若没有明确的奖罚标准，就会让团队成员产生"不公平"的想法。

所以，在企业管理中，公开透明是实现公平的最直接的表现形式，管理者要想让成员认为公平，就要首先做到除机密以外的各方面的公开透明。

有换来员工的凝聚力和积极性，反而涣散了人心。

由此可见，要解决分粥难题，首先要解决公开与透明的问题，因为当员工发现自己付出的代价和所得的报酬之比与其他人是相等的时候，就会感到自己所受的待遇是公平合理的；反之，如果领导者有一些偏心，就会产生不公平感。

在缺乏公平感情绪支配下，员工就会产生不满，采取减少付出、要求加薪甚至放弃工作等消极行为，最终会使我们前期的激励措施功效消失殆尽。

公开与透明说起来简单，做起来不简单，主要是因为不少管理者对公开心存疑虑。如果要提升团队的效率，实现真正的团队公平，就应该把公开透明当作一种特效药，这样才有可能打造无敌的团队。

¤ 从结果均等到机会均等

激励团队成员要从结果均等转移到机会均等，努力为团队成员创造公平竞争的环境。对团队成员来说，能不能得到公平的机会，这才是激励的更高机会。

下面我们通过吴士宏的成长经历来认识一下为团队成员创造均等机会的重要性，来感受和学习IBM优良的团队文化。

吴士宏是IT界的知名人士，非常有名。她之所以引人注目有这样两个方面的原因：首先，她是一位女性；其次，更突出的是她最初的专业素质不太好,而她后来却成为一名最高层的中层执行者,这很令人佩服。

她原来是个护士,中专毕业。她是一个不甘心受命运摆布的人,在当护士的时候自学了一些英语口语,能够用英语进行日常对话。但她一心想进取,一心想进公司工作,恰逢IBM招聘清洁工,为了进入这家公司,她毅然地去应聘了清洁工。成为IBM的清洁工之后,她踏踏实实地工作,非常努力,很快受到了大家一致的好评,大家都说:"咱们这个清洁工真勤快,别人不干的活她都帮人家干。"

在做好清洁工的同时,她一直在寻找着新的机会。正好IBM在扩充销售人员,由于在做清洁工的时候就建立了很好的人缘,于是她向销售部的人员递了一份申请,在申请中她提出:"能不能让我做一做,如果我做得不行,我还回来当清洁工;如果我做得好,希望能让我成为IBM正式的销售员。"

虽然IBM对销售人员的要求很高,但是IBM有很好的企业文化,即对自己的成员有学历培养的文化,因为她人缘比较好,于是主管销售的副总就给了她一个机会,让她先从兼职的销售开始做起。当时在别人没对她抱什么希望的情况下,吴士宏紧紧抓住了这次机会。她做兼职的销售做得不错,居然还卖出了几台设备,这使她名正言顺地进入了销售部门。

一般来说,要在企业里干出一番事业,销售是最好的途径,因为销售是全靠成绩来反映能力的,而吴士宏具有很好的亲和力，也就具备了巨大的销售潜力。成为正式的销售人员后，她做得非常好，开始一路上升，从销售管理者做到了区域管理者。

吴士宏之所以能够获得成功，除了凭借她自身的天资以及她令人敬佩的学习精神之外，还有一点非常值得企业注意，即是 IBM 这样优秀的企业栽培了吴士宏，给了她公平发展的机会，这很好地体现了成员激励的第一条重要原则——激励成员要从结果均等转到机会均等，努力为成员营造公平竞争的环境。

在 IBM，不管你原来是打扫卫生的或是中专毕业的，只要你有成绩就会得到提拔，这就是他们的企业文化。吴士宏一路被提拔靠的是竞聘上岗，无论是销售人员还是区域管理者。同样的情况如果出现在其他众多的企业中，吴士宏很可能还是一个清洁工。所以，我们的企业一定要掌握成员激励的高级原则，要善于激发成员，为各种成员提供平等的展示自己才华的机会，这样才能不断培养出人才，才能留住人才。

现今，我国大部分企业的分配差距还是比较小的，尤其是企业的高层和基层的收入差距还有很大的可拉开的空间，只有落差大才能动力大。具备高超"分粥"智慧的管理者一定要学会在落差中去鼓励成员的进取心，而且保证落差不伤害员工个人的自尊，让每一个人都加倍努力地工作，这样整个团队才能真正实现高效益。

第 10 招

信任激励：
"用人不疑"是驾驭人心的基本方法

¤ 让下属放开手脚

　　授权给下属，管理者一定要选择相信他，这样才能和员工建立一种和谐的关系，而下属也一定会竭尽所能，尽力做好自己的工作。

　　有的管理者授权给员工后，又不放心他们会按照自己的意图去做事，就对员工的一举一动横加干涉，企图让员工完完全全地按照自己的思维意识去工作，殊不知，这样严重影响了员工的主观能动性和创造性，即使能够保证完成任务，却大大压抑了员工的主动意识，束缚住了员工的手脚，最后造成员工工作压力加大，甚至可能造成人才流失。

　　杰克·韦尔奇的授权之道是——你必须松手放开他们。他认为，掐着员工的脖子是无法将工作热情和自信注入他们心中的。你必须松手放开他们，给他们赢得胜利的机会，让他们从

信任是最好的效率

对于各级领导者来说，最重要的工作之一就是在企业与员工之间建立信任，让员工充分了解工作的价值和意义，激发员的工作和创造热情，并通过职责分配、授权等给予员工体现价值、追求卓越的机会。

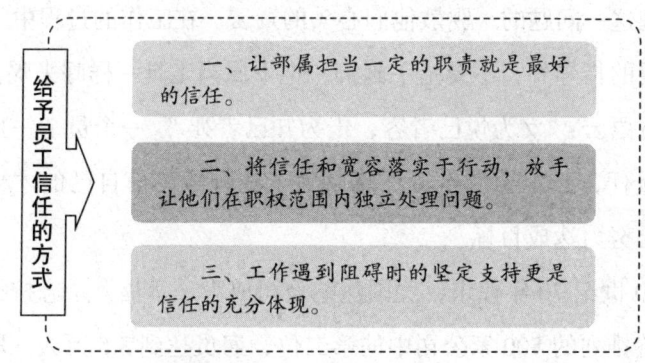

给予员工信任的方式
- 一、让部属担当一定的职责就是最好的信任。
- 二、将信任和宽容落实于行动，放手让他们在职权范围内独立处理问题。
- 三、工作遇到阻碍时的坚定支持更是信任的充分体现。

信任人、尊重人，可以给人以巨大的精神鼓舞，激发其事业心和责任感，而且只有上级信任下级，下级才会信任上级，并产生一种真正的向心力，使管理者和被管理者和谐一致地工作。

自己所扮演的角色中获得自信。当一个员工知道自己想要什么的时候，没有任何人能够挡住他前进的道路。

杰克·韦尔奇曾说："我的工作只是向最优秀的人才提供最合适的机遇，最有效的资源配置而已。交流思想、分配资源，然后让他们放手去干——这就是我的工作实质。"信任你的员工，企业的业绩才会蒸蒸日上！

作为管理者，在授权后就要让下属放开手脚去做他们认为对的事情。要让下属知道，你是信任他、了解他，才会让他独立处理这一问题的，驱散他们心头的疑云。在工作的过程中，除了必要的指导外，不要指手画脚，把下属当工具一样呼来喝去。

古语云："女为悦己者容，士为知己者死。"一个员工一旦被委以重任，必定会产生责任感，为了让领导相信自己的才干和能力去努力达成目标。

20 世纪 70 年代末，美国达纳公司成为《幸福》杂志按投资总收益排列的 500 家公司中的第二位，雇员达到 3.5 万人。取得这一成绩的主要原因是该公司的总经理麦斐逊善于放手让员工去做，以调动人员的积极性，提高生产效率。1973 年，在麦斐逊接任该公司总经理后，首先就废除了原来厚达 22.5 英寸的公司政策指南，以只有一页篇幅的宗旨陈述取而代之。

很多人反对他这样做，有人觉得有风险，毕竟政策指南是随着公司发展积累下来的，对公司业务的开展有着很好的指导作用。甚至有人当面对麦斐逊说："你不要期望所有的员工都像老板那样自觉工作。"麦斐逊依然坚持自己的做法，在他的眼里，每个员工都是值得信任的。他发布的那份宗旨简洁干练，大意如下："面对面地交流是联系员工、激发热情和保持信任的最有效的手段，关键是要让员工知道并与之讨论企业的全部经营状况；制订各项对设想、建议和艰苦工作加以鼓励的计划，设立奖励资金。"

麦斐逊选择相信员工，而员工们也没有让他失望，授权带来了生产率的增长。他曾经一针见血地指出："高级领导者的效率只是一个根本的标志，其效率的好坏直接与基层员工有关。基层员工本身就有讲求效率的愿望，领导要放手让员工去做。"

管理者让员工放手去做，就是充分信任自己的员工。管理者的授权可以营造出一种信任，权力的下放可以使员工相信，他们正处在企业的中心而不是外围，他们会觉得自己在为企业的成功做出贡献，积极性会达到空前的高涨。得到授权的员工知道，他们所做的一切都是有意义、有价值的。

这也是管理者的一种高情商智慧，即敢于信任你的部属，真正做到"疑人不用，用人不疑"。如果你想自己的下属能拼尽全力地去完成你交代的任务，那么就请把你的猜疑之心收起来。

作为一名管理者，只要能掌握方向，提出基本方针即可。至于细节问题，则应该让员工放手去干。这样不仅员工的潜能得到自由发挥，而且员工还能感到管理者对他的信任，从而达到更加显著的效果，使他们为公司做出更大的贡献。

其实，不管你从事什么行业，想要取得成功，管理者都必须创造出一种使员工能有效工作的环境。作为一名管理者，要正确地利用员工的力量，充分地相信自己的员工，给予他们充分的创造性条件，让员工感觉到领导对他们的信任。

聪明的管理者一定要学会充分授权——既然将权力下放给

了员工，就要对员工充分信任，让员工在其职权范围之内拥有足够的自主权，这样才能充分发挥其主观能动性。

¤学会信任"外人"

对管理者而言，唯有任用"自己人"才会让自己放心、省心。很多时候，我们会看到这样一种现象，当一个新上任的管理者接手工作之后，便急于清理前任管理者器重的人，再安排一些自己满意的人，所谓"一朝天子一朝臣"。

有些管理者会片面地认为，对手的人才具有危险性。其实不然，很多优秀的管理者都懂得利用对手的人才，历史上的唐太宗所重用的魏徵正是太子李建成的门臣。

其实，对于一个优秀的管理者而言，要敢于大胆地使用人才，尤其是那些在竞争对手手下得到过重用的人才，一切以团队的发展为首要考核标准，对团队而言是福音。

齐桓公继位后，准备任命鲍叔牙当宰相。岂知鲍叔牙却偏偏提出："我虽然对您是忠心耿耿的，但只是一个庸臣，不会有大的作为。您要想把齐国治理好，就必须任用管仲来当宰相。"齐桓公问："为什么一定要用他做宰相呢？"鲍叔牙说："以我与管仲相比，我有五点是不如他的：宽厚仁慈，能安抚百姓，这我不如他；治理国家，能抓住根本，我不如他；忠信可结于诸侯，我不如他；能给国家制定规范和礼仪，我不如他；能站在军门前指挥练武，使将士勇气倍增，我更不如他。管仲有了这五个强项，所以要是他当宰相的话，一定可以使齐国很快强盛起来。"齐桓公说："可是他阻挡我回来当国君，在交战时又射中了我，几乎置我于死地。他是我的仇人，我怎么能用他做宰相呢？"鲍叔牙说："当时两军对峙，他忠于其主。他是箭在弦上，不得不射。换了我，也会为您去射公子纠的。"

在鲍叔牙的再三劝说下，齐桓公终于不再计较一箭之仇，命人择定吉日良辰，用"郊迎"的大礼，亲自迎接管仲并同车进城。桓公与管仲一连谈论三日三夜，句句投机，即拜管仲为相国，且尊称为"仲父"，言听计从，专任不疑。从此，在鲍叔牙的协助下，管仲出谋划策，在齐国顺利实行了他的治国之道。

美国企业家比尔·休利特说："没有什么比自己的人才成为对手手中的武器更让人感到可怕的了。"他认为，人才是企业最为宝贵的资产，尤其是同行中优秀的人才，更是企业最难得的财富。他们不但有你所需要的一流的业务技能，你还可以从中了解到对手的一些情况。所以，聪明的管理者都善于从对手那里挖掘人才。

作为最优秀的管理者，不应该片面强调"自己人"或"外人"，即使是"外人"，也应该用人不疑，设法将所谓的"外人"变成"自己人"。

以大胆用人著称的唐太宗李世民曾说过"为人君者，驱驾英才，推心待士"。"推心待士"就是指对任用的人才要推心置腹。

武德年间，李世民收降刘武周大将尉迟敬德不久，尉迟敬德手下就有两个将领叛逃了，于是有人猜测尉迟敬德肯定也会叛变，不向李世民请示就将尉迟敬德囚禁起来，并力劝李世民赶紧将其杀掉。但李世民认为，尉迟敬德是一个有能力帮他打天下的良将，非但没有杀他，反而把尉迟敬德招入自己的卧室，安慰他，让他不要介意，最后还送了金元宝给他。尉迟敬德对此十分感动，恨不得立刻为李世民而死，后来他为建立李唐王朝立下了汗马功劳。

这足以说明，人才重要，善用"外人"更重要。不要对对手的人才心存芥蒂，只要能为己所用，能促进团队的发展，用人就应该不拘一格。

一个优秀的管理者，应该有让所有人才都为己所用的胸怀，不管他们与自己的竞争对手有着什么样的关系，都能够继续重用他们，让他们在合适的岗位上继续发挥他们的作用。

¤ 不因人言而疑人

"用人不疑，疑人不用"是一句著名的管理名言，但说起来容易、做起来难。不少领导者在用人之前对部属是充满信任的，当有不利的传言传到耳中时，就变得疑心重重，大事小事都上纲上线。

历史上有作为的帝王将相都懂得"用人不疑"，以此来收获人心。

陈平投汉之初,刘邦手下人不服,在刘邦跟前进谗说,陈平"虽美如冠玉",未必有真才实学;"居家时,盗其嫂",是个好色之徒;"事魏不容。亡归楚。楚又不中,又亡归汉",三易其主,是个反复乱臣;当都尉时,"受诸将金。金多者得善处,金少者得恶处",是个贪财之人。刘邦没有轻信这些谗言,对其亲自考察过后决定信任和重用陈平。后来陈平提出以万斤金离间项羽君臣时,高祖采纳了这一建议,"乃出黄金四万斤,与陈平,恣所为,不问其出入"。

有了刘邦的信任,陈平才忠心耿耿,不负众望,成功地离间了项羽、范增,为刘邦成功扫除了最大障碍。诸如此类,正是由于刘邦任人以才,用人不疑,才使"天下之士归于汉王",豪英贤才皆乐之为之用,从而为他日后建立帝业打下坚实的基础。

用一个人就要信任他。这需要管理者在用人之前就能够准确地了解这个人,也许他的能力有所欠缺,但是尽力发挥他的长处为己所用,这就是最优秀的领导。

作为团队的管理者,关于自己的人事任用,总会有各种各样的言语刮到耳中。但是,作为领导必须坚定地信任自己看好的人才,给予最有力的支持,才能赢得他们忠贞不渝地为公司尽心尽力。

作为领导,如果怀疑下属,或在授权的过程中心生反悔之意,那么必然会挫伤下属的积极性,可能给团队带来严重的后果。

某公司的李老板带公司的副总吴先生请客，席间有老板熟识的一位教授。在用餐快结束时，李老板有事提前离开酒席，离开时交代由他的副总吴先生埋单。结账时，服务员说一共消费了590元，吴先生竟然当着教授的面就说："请帮我开870元，税由我承担。"

李老板的朋友，这位老教授回到家后觉得有点不妥，他给李老板打了个电话，他说："李总，我今天看到一问题，我觉得很严重，我认为应该告诉你。今天晚上你请我们吃饭只花了590元，而吴总却吩咐服务员开了870元的发票。我觉得他是你身边的一条蛀虫啊，这个人用不得。"

"嗨，就这事啊，这不是什么大事。他为什么不多开一点呢？他不敢。这几百元，就当奖励他吧。我知道他会在这方面为自己谋点利益，但他还会为我做很多事。我怕的是那种只会开票不会做事的人，这叫用人不疑，不拘小节。"

这个案例中的李老板知道有些员工喜欢利用职务之便占些小便宜，想杜绝也不可能，如果因为有这些怀疑而不用能干之人，公司将会失去得更多。

当然，对下属的信任建立在一定的基础上，这就是管理者在用人之前已经对他做过全面的考察，深切了解他的个人能力，并且坚信他能完成你所期望的任务。如果犯了"因噎废食"的错误，这样的领导也注定将不会有追随者，这样的团队也注定将不会有大的发展。

¤ 用他，就要信任他

充分信任下属，让下属明白在你眼里他很重要，这将使平庸的下属也焕发活力、斗志大增，进而提高团队的整体效率。

如果每一位管理者能为下属寻找一个好的动机，点燃起其热情，便可以使下属对工作全力以赴。也就是说，充分信任下属，授权与他，给下属一个不得不努力工作的理由，下属便自然会极有效率地执行业务，呈现给你一个丰硕的成果。

用他，就是要信任他，就是要充分尊重下属的意见，把下属当成主角。尊重下属，就是对他们的诚心肯定及尊重的一种表现。利用所有机会，只要稍微运用一点"主角"中心人物的做法，把下属当成主角，便可使得下属的潜力发挥到极点。此时，管理者只需做好辅助支援的工作即可。组织的业绩一旦有所提升，实际上受益的"主角"还是管理者。

松下每次观察公司内的员工时，都觉得他们比自己优秀，当他对他们说"我对这事没自信，但我相信你一定能胜任，所以就交给你去办"时，对方由于受到重视，不仅乐于接受，而且一定能把事情办好。

1926年，松下电器公司首先在金泽市设立了营业所。金泽这个地方，松下没有去过，但是经过多方面的考虑，他觉得有必要在那里成立一个营业所。有能力去主持这个新营业所的高级主管为数不少，但是，这些老资格的人必须留在总公司工作，以免影响总公司的业务。

这时候，松下想起了一个年轻的业务员，这个人刚满20岁。松下认为年轻并不意味着做不好。

于是，松下决定派这个年轻的业务员担任筹备金泽营业所的负责人。他把他找来，对他说："这次公司决定在金泽设立一个营业所，我希望你去主持。现在你就立刻去金泽，找个合适的地方租下房子，设立一个营业所。资金我已准备好，你拿去进行这项工作好了。"

听了松下这番话，这个年轻的业务员大吃一惊。他惊讶地说："这么重要的职务，我恐怕不能胜任。我进入公司还不到两年，等于只是个新来的小职员。年纪也才20出头，也没有什么经验……"他脸上的表情有些不安。

可是松下对他有足够的信任，所以，松下几乎以命令似的口吻对他说："没有你做不到的事，你一定能够做到的。放心，你可以做到的。"

事实证明，松下的判断没有错，这个员工一到金泽，立即展开活动。他每天都把进展情况——写信告诉松下。没多久，筹备工作已经就绪，于是松下又从大阪派去两三个职员，开设了新的营业所。

用他，就选择相信他。对下属就应予以充分信赖，以此来激发下属的积极性和创造性，从而达到努力获取最大人才效益的目的。

许多管理者为了提高工作效率，往往希望以最简单的方式将知识传达给下属，当下属由于无法对付某个问题而感到苦恼时，他们就直接进行干预，告诉下属"要这样""别那样"。殊不知上司的直接干预，对于下属而言，意味着对他们不信任。

用他，就选择相信他的能力。千万不要在用人的过程中再横加干涉或指导，这样，只会挫伤部属的工作积极性，降低部属对团队的工作热情。

¤ 让看准的人挑担子

管理者必须具有这样的气魄：让自己看准的人挑担子。不少企业家深谙这个道理，他们敢于在关键位置提拔重用自己看准的人，即使面临较大的压力也不改初衷，企业也因此获得发展。

在企业管理当中，让看准的人挑担子，这并不是有效地分配人力资本，更多的是一种精神激励。每当领导对自己的员工用人不疑时，受重用的员工便会有一种受宠若惊的感觉，他们突然觉得自己受到了信任，继而心甘情愿地为领导效力。

管理者在选人用人时一定要三思而后行，一旦确定人选，就不要轻易更换。管理者不能因噎废食，关键位置上敢用自己信任的人，还是值得提倡的。

曾有一段时间，世界著名的东芝电器公司由于经营方针的错误，使整个企业走进了前所未有的低谷之中，若不尽快地处理或者处理得不好，东芝电器公司就会在世界市场上消失。

在这个生死攸关之际，东芝电器的高层经营者挖空心思地想该如何挽救公司。最后，他们想到了一个极为优秀的人才，也许只有此人才有可能挽救公司，他就是日本石川岛造船厂总经理土光敏夫。十几年前的石川岛造船厂也和今日的东芝电器一样陷入危境，全靠土光敏夫一手将它从危境之中拉了出来，并领着公司走向了国际舞台。

经过努力，土光敏夫进入了这家危机重重的公司。土光敏

授权选人"五戒"

选对人才能做对事，要想成为一个优秀的领导者，必须掌握选人用人之道。要想规避用人风险，则在选人时必须做到"五戒"。

授权选人"五戒"

- 一戒选人要求不明确
- 二戒选人标准不清
- 三戒凭个人经验和偏好选人
- 四戒凭外在条件选人
- 五戒选人动机不纯

根据德鲁克的统计，高管人员在用人决策方面的平均成功率最多只有33.3%，1/3是正确的，1/3是完全错误的，1/3不完全错误。事是人做的，只有选对了人，事情才能做好。

夫上任后的第一件事就是，重新唤起低落已久的东芝员工的士气。他鼓励员工们：东芝电器公司人才济济，公司的体制也非常公正，只要大家团结一心，一定可以让东芝电器重现光芒。在土光敏夫不断地激励下，员工们的斗志再次燃起，充满干劲。接着，土光敏夫又提出实施毛遂自荐和公开招聘制，想办法让员工们能够完全地将自己的潜力发挥出来。

在土光敏夫不断地鼓舞下，东芝电器出现了前所未有的高昂士气。在公司员工共同的努力下，东芝电器公司站稳了脚步，并再次走向了国际舞台。

作为团队的领导，必须明白这样的道理，没有人能够不需要任何帮助而成功。毕竟个人的力量有限，所有伟大的人物都必须靠着他人的帮助，才有发展和茁壮成长的可能。自己不可能处处高明，只有借用优秀部属的高明之处，真正做到用人不疑，才能发挥他们的聪明才干。因此，领导者切忌刚愎自用、自以为是，而应该虚怀若谷、恭以待人。

南宋抗金名将张俊到后花园散步时，见一老兵躺在太阳底下，就用脚踢了踢他，问他何以慵倦到这种程度。老兵爬起来从容地回答说，没事可做，只好睡觉。张俊问：你会做什么呢？老兵答，什么事都会一点儿，就像回易之类的事，也略微通晓。回易，类似今天的国际通商贸易。张俊说：我给一万缗铜钱，你去海外跑一趟如何？老兵答，不够忙活的。张俊说：给你五万怎么样？老兵答，还是不够。张俊问：那你需要多少？老兵说，没有一百万，至少也要五十万。张俊欣赏他的勇气，立即给他五十万，任其支配。

老兵首先打造了一艘极其华丽的大船，招聘了能歌善舞的美女及乐师百余人，到处收购绫锦奇玩、珍馐佳果及金银器皿，征募了将军十余名，兵丁百余人，按照拜访海外诸国的宴乐礼节，演练了一个月后，扬帆渡海而去。

一年后满载而归，除珍珠、犀角、香料、药材外，还有骏马，获利几十倍。当时诸将都缺马，唯张俊有马，军容显得特别雄壮。张俊非常高兴，问老兵：你怎么做得这样好？老兵便把这次海外贸易的经历详细作了汇报。张俊嗟叹称许不已，赏赐特别优厚，问他能否再去。老兵回答说：这是闹着玩的，再去就要失败了，您还是让我回到后花园照旧养老吧。

在这段故事中，张俊能拿出五十万给一个自称能做外贸的老兵，且不问如何使用，这种大气魄足以让老兵从容施展自己的聪明才智。这就是放心、放手所激发出来的人才效应。

这也给管理者们一定的启示：管理者不应以任何形式把自己的主观意志强加给所任用的人，而应积极地为他们创造一个独立进行工作的环境，对优秀人才予以充分的授权。你必须尊重他们工作的独立性，不干涉他们的工作，让他们通过研究得出自己认为是科学的结论。

第11招

文化激励：
企业文化让员工找到归属感

¤ 以核心价值观统领一切

一个人有一种奋发向上的精神，可以创造优异的成绩；一个集体有一种核心精神价值追求，可以干出经天纬地的事业……

优秀的团队赖以存在的基础是成员拥有共同的信念，它提供了衡量凝聚力的尺度，这种共同的规则体系和评判准则决定了企业全体人员共同的行为取向。没有共同信念的团队必定是松散而没有竞争力的，如同大海中失去航向的船只，拥有共同信念的团队不至于因为骤然的变故分崩离析。

团队的共同信念，可以升华为团队的价值理想，这种永恒的追求信念赋予团队成员以神圣感和使命感，并鼓舞成员为崇高的信念而奋斗。

IBM（国际商用机器公司）是有明确原则和坚定信念的公司。这些原则和信念似乎很平常也很简单，但正是这些简单、平常的原则和信念构成了 IBM 特有的企业文化。

　　IBM 拥有 40 多万员工，年营业额超过 500 亿美元，几乎在全球各国都有分公司，所取得的成就令人惊叹。许多人会问，是什么让这个庞大的企业取得如此大的成就的，答案是，IBM 具备一套人性化的企业文化。

　　老托马斯·沃森在 1914 年创办 IBM 公司时设立过"行为准则"。正如每一位有野心的企业家一样，他希望自己的公司一要财源滚滚，二要反映出他的个人价值观。因此，他把这些标准和准则写出来，作为公司的基石，任何为他工作的人，都明白公司要求的是什么。

　　老沃森的信条在其儿子时代更加发扬光大，小托马斯·沃森在 1956 年任 IBM 公司的总裁，老沃森所规定的"行为准则"由总裁至收发室，没有一个人不知晓，如：

　　（1）必须尊重个人。

　　（2）必须尽可能给予顾客最好的服务。

　　（3）必须追求优异的工作表现。

　　这些准则一直牢记在公司每位人员的心中，任何一个行动及政策都直接受到这三条准则的影响，"沃森哲学"对公司的成功所贡献的力量，比技术革新、市场销售技巧，或庞大财力所贡献的力量更大。

　　全体员工都知道，不仅是公司的成功，个人的成功，也一样都是取决于员工对以"沃森原则"为基础的企业文化的遵循。

与员工缔结心灵伙伴关系

团队思想伙伴关系的确立，会使团队战略思维呈现出四大特点。

1. 敏捷
2. 开放
3. 协调
4. 行动

团队的任何级别的管理者，只要是参与了关键措施的决策，都有责任和义务与下属员工进行不断的对话和沟通，探讨决策执行中的关键因素在日常工作中的运作情况，以确立好大方向。

而IBM的企业文化不仅让员工忠诚追随，更是吸引着许多非常优秀的人才，而IBM也因此取得了越来越伟大的成就。

如果没有这种共同信念，团队就很可能成为一盘散沙，山头林立，各个小集团、小集体为了自己的利益而扯皮、推诿、攻击、拆台。像这样内部分裂的状况，怎么能够在激烈的竞争中与齐心协力的企业比拼？不但企业的合力没有得到发挥，而且企业更可能因为内耗而消亡。

一家公司的总裁曾说过："我们要求员工应该认同公司的使命和经营理念，与公司的核心愿景和宗旨一致。每次新员工进公司时，我都给他们讲，进一个公司很重要的一点就是认同公司的愿景和宗旨。对企业而言，认同感就是一种强大的凝聚力，让大家可以朝一处使力。我会直截了当地对他们讲，大家到公司来，如果不认同公司的愿景和宗旨和经营理念，还不如趁早离开。"

如果员工知道他们的团队代表什么，知道他们所拥护和追求的是什么，就能够主动做好团队需要的事，自觉维护团队的利益。

团队的共同信念让员工把工作当成一项共同的事业，这也使得团队里许多互不相干的业务、技术和人才紧密地结合成一个整体，将一个广泛的多元化的团队团结在一起，大家都能够为了一个共同的目标而奋斗。

¤ 用软文化凝聚人心

在《论语》中，曾有人问孔子，十世以后的事能不能知晓？孔子回答说："殷因于夏礼，所损益，可知也；周因于殷礼，所损益，可知也。其或继周者，虽百世，可知也。"意思是说，殷代沿袭夏代的礼制，所增减的能知晓；周代沿袭殷代的礼制，所增减的能知晓。如果有谁能继承周代，即使一百世也能知晓。

我国历史上，西周和东周加起来有800年之久，远远超过了400年的两汉和300年的盛唐，所以孔子一再强调"继周者，虽百世可知也"。而周朝是以"礼"治天下的，因此春秋时期周礼衰落时，孔子倡导恢复周礼，并以此为己任，一生诲人不倦。

对现代团队来说，"礼"治就是团队文化。曾经走过无数风雨历程的安然、安达信等优秀团队之所以最终走向失败，就是因为它们抛弃了团队赖以生存和发展的诚信文化。当人们纷纷强调加强法律监管时，我们需要从团队文化的角度发现幕后这些最根本的东西。

美国一家报社记者采访时问张瑞敏："你在这个企业中应当是什么角色？"张瑞敏回答道："第一应是设计师，在企业发展过程中使组织结构适应于企业的发展；第二应是牧师，不断地布道，使员工接受企业文化，把员工自身价值的体现和企业目标的实现结合起来。"

文化建设就是在回答一个问题：除了基本的工资福利，你的团队凭什么凝聚人心？这是企业管理者需要思考的内容。大道无形，文化是个看不见、摸不着的东西，但却回答了"团队为什么会成为团队"。因此，团队文化的好坏直接关系到员工的忠诚度，管理者必须明确一点，你有几流的团队文化，你就有几流的追随者；你有几流的追随者，你就有几流的企业。

很多优秀的企业能吸引人才，在于它的企业文化吸引各方人才汇集。现在企业最高层次的竞争已经不再是人、财、物的竞争，而是文化的竞争。以软文化凝聚人心，是最优秀的管理者带领团队的秘密法则。

因此，企业管理者越来越注重企业文化的建设和价值观的塑造，最明智的管理者一定是具备将企业文化融于员工血液中的能力的人。只有建设一流的企业文化，企业才能引来和留住一流的人才。

1984年，联想在中科院的一间小平房里成立，11个科技人员靠中科院计算所20万元投资起家。那时候联想人常说的是"要把5%的可能变成100%的现实"。这是在当时的环境下所表现出来的一种非常坚定的创业文化。

经历了艰难创业的阶段后，联想的企业文化走向了规则导向。联想人向规则要"精准和效率"，希望人人都能够"严格、认真、主动、高效"，把很多事情都放到一个个流程制度里去规范它。他们讲"做事三原则"，讲"围着规则转"，员工的行为需要规范，业务怎么开展需要规范，企业怎么管理也需要规范，联想文化进入了"严格"文化时期。

联想发展步入更大的规模后，提倡的是团队意识、"亲情"文化，是要使联想公司内部多一些利于协作的"湿润空气"。"亲情"文化提倡互相支持，提倡客户理念，推行矩阵式管理模式，要求各部门和层次之间互相配合，资源共享，实行"称谓无总"、倡导"平等、信任、欣赏、亲情"。所以这时的文化导向是支持导向。

由此，我们不难看出，联想的巨大成功在某种意义上说，是文化建设的成功。也正如哈佛商学院的著名教授约翰·科特的这样一句话：企业文化对企业长期经营业绩有着重大的作用，在下一个10年内企业文化很可能成为决定企业兴衰的关键因素。

作为企业的管理者，必须成为企业文化的建筑师和第一推动者。企业文化首先是企业家本人思想的浓缩。

而德国SAP公司则依靠自由而低调的团队文化，聚合了世界优秀软件人才。它依靠开放的团队文化极大地提升了成员的创造力，也吸引着更多的人加入进来。《法兰克福日报》曾经报道，德国的经济工程师与计算机人才，都梦想能进入SAP开创事业。这种团队文化培养的是成员的职业精神和持久的忠诚度。因此我们看到，SAP成为欧洲最成功的软件公司，它的软件应用系统遍及世界各地。

今天的团队管理者需要谨记的是：认清团队发展状况，培养成员的品德和诚信，建立高效运作的团队。管理者作为团队的领头羊，肩负着建设团队文化、打造团队精神的重任，更是成员忠诚和敬业精神的塑造者。

建立强大的、有市场竞争力的企业文化，是任何一个企业都梦寐以求的。然而，企业文化的建设是一个长期的过程，它需要管理者在平时的管理工作中一点一滴地不断付出、积累，不断达到完善的效果。

复制优秀公司的文化成为一种流行的做法，毕竟世界上有很多以企业文化著名的公司，如IBM、惠普。

但是，这也是一种最没有成效的做法。在国内，海尔的企业文化很有名，但是"虽然天天有人到海尔来参观，却没有一个人做成第二个海尔"。张瑞敏的这句话也说明，企业文化是不能简单复制的。

因为文化是有个性的，它与企业本身的状况、企业所处的环境息息相关。一种文化在一家公司有推动力，在另一家公司却未必有，移植过来可能没有效果，甚至产生负面作用。

毫无疑问，一旦建立被员工认可的强大的文化，团队在任何一方面都将受益无穷。

¤ 用"催眠"的方式灌输文化

团队文化是整合团队的黏合剂，对管理者而言最好的办法就是用"催眠"的方式向员工灌输，让他们自觉接受团队文化。

让员工接受文化灌输，需要采用一定的手段，联想公司则采用"入模子"的方式。"入模子"作为新员工进入联想的第一步，就是将联想的价值观灌输给每一个新员工。

其实，任何企业都是一样的，他们需要的是认同企业自身价值观的员工。同样，对于个人来说，选择了一家公司，也就意味着接受它。这种接受从某种程度上来说就是一种对自我的接受。这是一种非常积极的观念，也是企业需要员工具备的基本观念之一。

接受组织、认同组织，这绝不是靠外力强加于自己的，而是你人生价值的一种需要。这种积极心态在成功的企业里表现得非常突出。

按照柳传志的话，"入模子"是说联想要形成一个坚硬的模子，进入联想的职工必须到联想的"模子"里来，凝成联想的理想、目标、精神、情操行为所要求的形状，使大家能够按照联想所要求的行为规范做事，而在这种行为规范又主要指执行以岗位责任制为核心的一系列规章制度。

"入模子"是新员工进入联想的第一步，公司通过这个过程和仪式，把联想的价值观灌输给每一个新员工。根据联想的传统，每一个联想的员工在入职以后三个月的试用期内，都必须参加"入模子"培训，否则不能够如期转正，"入模子"的成绩会记入新员工档案成为重要依据。联想通过对每一个"新人"精雕细琢，希望他不仅适应岗位的要求，而且能够认同公司的企业文化。不进入联想的"老君炉"、被联想的企业文化"同化"的人，就不能在联想的大熔炉里面修炼成"仙"。

"入模子"培训的地点一般都选在风光秀丽的郊外，每天的日程都安排得非常紧凑，甚至超过平时的工作。早上天还没亮就要起来跑操、军训，然后高唱联想之歌，开始一天的课程。从基本的素质培养开始，比如团队精神、自信精神。然后进入重头戏，是关于联想的部分，包括联想的历史、发展道路、使命和远景，以及联想成功的基本经验。培训的过程中会组织参观联想的工厂、卖场，介绍公司的主要业务、现有的管理模式、组织结构和薪酬体系，另外还有礼仪规范方面的培养，包括如何接电话、对待客户、穿衣打扮，等等。总之，凡是从这个"流水线"培养出来的人，就应该像联想电脑一样成为一名合格的联想人。

新人被联想文化"同化"的过程，主要是经过"入模子"实现的。联想的"入模子"培训使联想的企业文化和价值观能够深入到每一名员工的内心，使联想的企业愿景和目标能够成为上下员工的共同志向，增强了集体认同感。通过"入模子"的培训，每一名联想人都可以在认同企业的愿景和价值观的基础上，把个人的奋斗目标更好地融入公司目标当中。

一位著名企业的人力资源总监说过："一个人选择工作实际上是在选择价值观，因为有价值观，你才不会仅仅凭个人利益行事，而是能够从更广泛的意义上看待事情。"明确个人价值观能使你更有力量面对困境，表现在工作上能强化对行动的投入感。你要获得更大的工作激情，关键在于个人与组织的价值观能够密切相连。

管理经验表明，个人与组织共享的价值观能增进个人与组织的效率。如果这两者互不相关，就可能产生许多冲突；如果个人与组织都有相同的价值观，大家就能够同舟共济，共同为一种价值观和目标而奋斗。许多优秀团队都有相似的价值观和信念。

作为管理者，为员工灌输企业的文化，应该懂得一个组织的价值观为它的生存和发展提供基本的方向和行动指南，为员工形成共同的行为准则奠定基础。员工以此来决定自己的行为取向，从而形成最大的凝聚力。

企业的文化中融入了永恒的追求和信念，它赋予一个团队神圣感和使命感，并鼓励所有成员为崇高的信念而奋斗。在共同价值观的指引下，团队才能形成一个有组织、有竞争力的团体，才能朝着同一方向使力。

¤ "团队"而非"群体"

对于"团队"二字，我们都很熟悉。然而即使天天挂在嘴边，我们中有很多人也并不一定了解"团队"的真正含义。事实上，并不是在一起工作的任何一群人，都可以称之为团队的。

客服小张带着一名客户兑换奖品时,另一位客户进屋时说他买的手机莫名其妙地黑屏,需要处理。小张礼貌地说:"请稍等,稍后就为您处理。"

但小张接待的客户一直在占用时间。等了一会儿,另一位客服小王进来了。客户向她再次说明了问题,但小王心想:这应该是小张接待的,我为什么要管呢?她说:"您等会儿,刚才接待您的同事会处理。"

这个客户变得很生气:"我在你们营业厅买的手机,而不是从那个人手里买的。你什么服务态度?"

可以说,客服小王就没有团队意识,她没能真正明白"团队"的真正含义。团队和群体的重要区别在于,团队并不是一群人的机械组合。一个真正的团队应该有一个共同的目标,其成员之间的行为相互依存、相互影响,并且能很好地合作,追求集体的成功。团队工作代表的是一系列鼓励成员间倾听他人意见并且积极回应他人观点、对他人提供支持并尊重他人兴趣和成就的价值观念。

中国有句俗话,一个人是条龙,三个人是条虫。听到这样的话,许多人都会不高兴,但这句话却很通俗且精准地指出了,在我们许多人身上存在的一种劣根性:单打独斗时,会使出浑身解数,尽自己最大的能力去攻关、去活动,以最快的速度达成目标。而以多人、团队的方式进行操作时,往往只会"形式"不偷懒,当然也不尽力;不推脱,但也不会太积极。"意思意思,让领导看着自己也努力了,就够了!"——结果什么也做不好,弄了个"一个和尚有水喝,三个和尚没水喝"的结局。

为什么会这样呢?一个人的力量有可能会大于1,而三个人的力量却为什么无法大于3,甚至会小于3呢?

其实,有一个最重要的因素在作怪,那就是,这些人虽名义上身为一个团队中人,却个个没有把心交付于它。使得这个团队因缺乏凝聚力而力量涣散,外强中干。

须知,对一个团队来说,光有人多是不够的,光有精英是不够的,还需要团队中的每个人把心交给团队,打造团队凝聚力。而团队的文化和信念就起到了这种黏合剂的作用。

德国足球队是世界上最优秀的足球队之一,被誉为"日耳曼战车",然而令人惊异的是,在这样一支传统的优秀球队里,却极少有个人技术超群的球星。和意大利、英国、巴西等国家的球队相比,德国的球员都显得平凡而默默无闻,有些德国国家队的球员竟然还不是职业运动员!

然而,这并不影响"日耳曼战车"的威力,他们频频在世界级的比赛中问鼎冠军,把意大利、巴西、英国、荷兰等足球强队撞翻,谁也不敢轻视"日耳曼战车"的威力,原因在哪里呢?

一位世界著名的教练说:"在所有的队伍当中,德国队是出错最少的,或者说,他们从来不会因为个人而出差错。从单个的球员看,德国队是脆弱的,可是他们11个人就好像是由一只大脑控制的,在足球场上,不是11个人在踢足球,而是一个巨人在踢，对对手来说那是非常可怕的。"

全队拧成一股绳，打造出最强大的凝聚力，利用这种强大的凝聚力以弱胜强——这就是德国队制胜的秘诀！这也正是很多商界团队能够形成强大竞争力的关键。

成员对团队的向心力，以及成员与成员之间的相互吸引力来源于对团队共同目标和文化信念的认同。团队的凝聚力不仅是维持团队存在的必要条件，而且对团队潜能的发挥具有重要作用。一个团队如果失去了凝聚力，就不可能顺利完成任务，其自身也失去了存在的条件。

俗话说："鸟枪打不过排射炮，沙粒挡不住洪水冲。"同样，一个团队的力量就是"排射炮""洪水"，可以让成员们互帮互助，拧成一股绳，形成一股合力，让团队上下心往一处想，劲往一处使。这样，团队中各个成员的力量才会悉数迸发，合力攻克团队前行中所遇到的巨大困难。

¤ 让成员认同并信仰团队

作为一个团队，它是由各种各样的人集合到一起，靠什么来维持团队的合力、实现团队的目标，答案只有一个，那就是信仰。环视今天活跃在市场上的大企业，如联想、华为、三星、通用电气等，无论是营利性质还是非营利性质，没有一个组织不是凭借信仰来成就伟业，做出表率。

信仰，是由"信"和"仰"组成的。所谓"信"，说的是信任、信服；所谓"仰"，说的是要抬起头来，表示仰视和仰慕。结合起来，所谓信仰就是从内心对一个观念、一种思想、一种主义等产生认同，并将之内化，作为自己行动的榜样或指南，为之奋斗。

1932年3月，松下幸之助参观了奈良的天理教本部，在回去的火车上他在思考当天的盛况：信徒捐献的木材堆积如山；参加建设"教祖殿"的信徒充满喜悦地进行着义务劳动；"正殿"打扫得干干净净，所遇到的善男信女态度都是那么虔诚……沉思到深夜，松下幸之助得出一个结论："宗教拯救烦恼的人，给他安心，是为人生带来幸福的神圣事业，经营实业不也是如此吗？"

管理者要思考这样的问题，如何让团队成员认同并对团队的奋斗目标产生信仰。管理者应该让每个人都能成为团队的中坚力量，引导他们将自己的信仰融入团队的信仰中。那么如何做到信仰团队呢？

信仰的前提是认同。在现实世界中，人不可能有两种价值观。具有两种价值观的人，在社会生活中很可能出现判断失误。这样的人是无法生活于现实世界中的。同样，管理者要设法引导成员的价值观与团队的价值观保持一致，对团队产生认同，为实现团队和个人的目标而努力。这样，组织中的成员会出现混乱行为，团队本身也会迷失发展方向。

当盛田昭夫还是索尼副总经理的时候，曾和田岛道治发生

让员工对企业产生认同感

企业认同感不是让员工去认同企业的业绩和规模这一标签，去认同约定俗成的规章制度和行事法则，而是来自心灵和精神的认同（或者说是文化和价值认同）。

要想获得员工的认同感，管理者应从以下方面入手

- 尊重并关注每一个员工
- 合适的岗位放合适的人
- 利用情感打动众人心
- 容许员工畅所欲言

同志们都走了……

可同志们的心都留在厂子里了。

没有文化和精神认同感的企业，即使再能够赚钱，也注定是一台不会长久的赚钱机器，因为它是心灵的荒漠，而人是无法长久地在荒漠中找到生命必需的营养的。

过一次冲突。盛田昭夫的一些意见激怒了田岛，最后他再也忍不住了，他说："盛田君，你我意见不同，我不愿待在你这样的公司里。"盛田昭夫的回答非常大胆："阁下，如果在一切问题上你我意见都完全一致，那就没有必要让我们两个人都在这个公司拿薪水了。假使那样，不是你就是我应当辞职。请考虑我的

意见,不要对我发火。如果因为我有不同意见,你就打算辞职,那说明你对我们的公司认同不够。"

田岛听到盛田昭夫这番话大吃一惊,顿时觉悟,如果自己的伙伴或同事与自己总是一个意见,喜欢一样的东西、说一样的话、看一样的书、有一样的想法,那么何必要另一个存在呢?最后,田岛决定继续在公司待下去。

田岛道治因为有对索尼的认同,才能接受索尼公司的理念,才能最终化解与盛田昭夫的冲突,最终打消了离开索尼的想法。

对团队产生认同,蕴含着巨大的经济价值和社会价值,一个人任何时候都应该对自己所服务的团队保持认同,放弃认同也就放弃了成功。认同可以赢得老板的信赖和重用,相反,不认同企业的员工只会落得"此处不留人"的下场。更甚者,没有认同基础上的背叛,也就是对自己的背叛,将自己推入了万劫不复的火坑。

那么,具体来说,如何认同并信仰团队呢?企业中的不同人员,按照对组织信仰认同程度的不同,可以分为三个层次。

第一个层面是松散层。处于这一层面的员工,一般而言,是初入组织的员工。他们主要是因为企业的氛围、待遇、地位而来到企业。在他们内心深处并不坚定地认同企业的信仰,当然,一般情况下他们也不会违反信仰。但是,当出现困境的时候,他们是最可能离开企业的,他们也是最可能不按照企业价值评价体系去进行判断的。在企业发展的过程中,他们会出现不断地淘汰和补充现象。

第二个层面是紧密层。处于这一层面的员工，他们认同企业的信仰，愿意为企业信仰而秉持操守，能够为企业的发展而努力。他们会逐渐成为团队的中坚力量。

第三个层面是核心层。处于这一层面的员工，与一般员工相比，他们除了对信仰同样坚持和信服外，还具有比较高的职位，能够动用企业的资源为树立企业的信仰服务。他们是企业核心员工。

有人问杰克·韦尔奇，什么样的人企业坚决不能用？杰克·韦尔奇答道：有业绩、有能力，但不认同公司的文化，也就是说和企业的价值观不同的人，这样的人坚决不能在企业里待着，更不用说进入企业高层了。同样的问题，"联想教父"柳传志也给出了实质几乎相同的答案。有人问他选什么样的人接班时，柳传志回答：把命卖给联想的人！

认同并信仰组织，是在思想上认识并确立了一种意义。做有意义的事，是成功的要素之一。要想带领一个有凝聚力的团队，就要培养成员的认同感，更关键的是要坚守企业的"信仰"。

第12招

荣誉激励：
让员工顶着"光环"往前走

¤ 用集体荣誉感框住成员

现实中，我们衡量一个团队是否有竞争力、是否能够永远发展，到底看什么？是看这个团队的理念有多么先进，还是看这个团队资金有多么雄厚？是看这个团队的科技含量有多高，还是看这个团队拥有多少高科技人员？这些都不是决定因素，关键还是要找出团队内部的决定因素。而这个决定因素实际就是一个团队是否有团队精神，团队的成员是否具有团队意识。

在热闹的龙舟赛会上，赛龙舟的场面非常壮观。"镗"的一声锣响，十来条披红挂彩的龙舟在江岸边数万名观众的呐喊声中箭一般地冲出去。你看那龙舟上的十几名水手，在号令员的指挥下，动作协调一致，似乎有一条无形的绳索将他们联系在一起，而绳索的一端紧紧握在号令员的手中。随着号令员的指挥，他们强壮的手臂同时举起来，又同时挥下去，那种高度一致的行动确实令人赞叹。行动最协调一致而且挥桨迅速有力的龙舟肯定会最先到达终点。胜利的荣誉不是属于某个人的，而是属于龙舟上的整个团队，包括号令员和每一位水手。

现代团队就好比一条正在参加比赛的龙舟，船上的每个人都是决定比赛胜负的关键力量。大家划船的劲能不能使到一处，能否与团队保持步调一致，将是团队能否稳步快速前进的关键。千舟竞发，只有合作最好的团队，才能赢得竞争的胜利。

人生是需要有荣誉的。没有荣誉的人生是黑漆漆的、无声无臭的。有荣誉的人生，是积极向上的，是五彩缤纷的。人应该是理智感情和品格发展到最高程度的动物；人不但要生存，而且还要荣誉。荣誉是人生中值得追求的东西，所以英国的诗人拜伦有两句诗："情愿把光荣加冕在一天，不情愿无声无息地过一世！"

团队管理者应该重视集体荣誉感的重要性，为了集体的利益与荣誉，渺小的个人必须坚决遵守他们所制定的"荣誉守则"。在这个守则的条例里，没有谁能随意践踏这些比生命还宝贵的荣誉。这个荣誉守则对于培养员工的团队精神和凝聚力起到了不可估量的作用。

可以这样说，一个没有荣誉感的团队是没有希望的团队，一个没有荣誉感的士兵不会成为一名优秀的士兵。

军人视荣誉为生命，任何有损军人荣誉的语言和行为都应该绝对禁止；同样，如果一个员工对自己的团队有足够的荣誉感，以自己的工作和团队为荣，他必定会焕发出无比的工作热

集体荣誉感是团队的灵魂

一个没有集体荣誉感的团队是没有希望的团队，一个没有集体荣誉感的员工不可能成为一名真正意义上的优秀员工。

> 我工作比较慢，不能拉团队后腿呀。

> 小王，下班了，还把工作拿回家去做？

有了集体荣誉感，才会有敬业

集体荣誉感可以衍生人对集体的归属感和责任感，使员工更加珍惜和热爱自己的本职工作，兢兢业业，尽职尽责，敬业爱岗。

> 我要多学多看，这样才能充实自己，为公司增光！

有了集体荣誉感，才会有进取

有了集体荣誉感，团队成员才能不断增强其自我约束、自我完善、自我发展、自我提高的意识。

有了集体荣誉感，才会有合作

集体荣誉感能增强团队的协作力，有了集体荣誉感，工作才会不分内分外，工作起来才能互相协作，紧密配合，相互支持，相互补台。

情。管理者都应该对自己的员工进行荣誉感的教育，每一个员工都应该唤起对自己岗位的荣誉感。可以说，荣誉感是团队的灵魂。

管理者要引导员工懂得这样的道理，既然进入了一家公司，就要把自己的工作和公司的成长壮大紧密结合起来，与公司同生死、共命运。这样，在公司取得重大的发展时，你才会有巨大的荣誉感，否则就是窃取别人劳动成果的"老鼠"。

优秀的团队是由优秀的员工组成的，团队也会因有这样优秀的员工而自豪。当团队的发展遇到困难时，每个人就会感到自己责任重大，为改变团队的窘境而倾心尽力。

所有人既然是同在一条船上，同在一个大家庭里，那么理应成为一个团结互助的团队，大家同舟共济，拧成一股绳，共同维护集体的荣誉和利益。

¤ 要求团队的节奏保持一致

划过船的人可能都有这样的体会，只有大家保持统一的节奏向前划的时候，船才能保持最快的速度向前推进。其中如果有一个人划船跟不上整体的节奏，那么整条船的速度就会受到影响。

同样，团队的发展也需要每个人都保持向上的劲头和工作节奏，只有这样才能保持团队全速前进，不断发展。如果有一个人跟不上这个不断前进的节奏,就会妨碍整个团队的发展。

凯蒂在华尔街一家知名股票交易所做资深分析员,她的业绩一直很好,老板也很器重她,她已经在这家交易所干了5年多。这里的工作给了凯蒂优厚的待遇和发展的空间。在交易所生意冷淡的时候,老板解聘了几名分析员,但凯蒂被留了下来,而且老板还给了她一个月的带薪休假期,这种情况在失业率居高不下的当时实在是十分少见。

在和朋友谈到自己的工作时,凯蒂总是很高兴:"我喜欢这份工作,它很有挑战性,而且这一行业发展得也很快,也正因为如此,我总是竭尽全力提高自己。我害怕有一天自己会跟不上同事们的脚步,或者被迅速发展的公司所淘汰,最终成为掉队的那一个。"

朋友为凯蒂的话感到吃惊:"你怎么会成为掉队的那一个,你是那么的优秀,而且你的业绩一向那么突出。"

"我的业绩确实一直不错,不过公司发展得很快,而且同事们每天都有新的进步,我甚至都能感受到公司前进的步伐在催我每天都要前进,还好我从来没有掉队。从懂事的时候起,父母就常常告诉我'不要成为掉队的那一个',在后来的学习和工作中,我也习惯了以此激励自己,直到现在。"凯蒂说道。

用一个形象的比喻,团队就是由不同木板组成的木桶,唯有每块木板紧密配合,木桶才能盛更多的水。从每个人的角度来说，就是设法让自己与团队的节奏保持一致。

从另一个方面讲，团队是每一个人的精神归宿，就好像孤雁需要雁群一样，人人都离不开大团队的庇护和提携。一旦不能与团队保持一致的步调，他便将"危险"倍增，成为没有庇护的孤雁。

任何时候，都要做一个聪明的认同者，那就是与公司发展的步调保持一致。和公司保持同步发展是每个员工义不容辞的使命和责任。当团队发展到一定程度时，个人的成长目标也会逐渐实现。

如果你不能和团队的发展保持同步，员工就不能从相应的高度理解团队的营销战略、发展愿景、企业文化等，那么你就无法为公司的下一步发展创造一定的价值，这样的团队一定会支离破碎，个人发展也会遭遇挫折。

如果团队发展了，而员工仍旧停滞不前；或者团队发展的脚步增大了，而员工仍然迈着小碎步一点一点向前挪动；甚至当员工飞速发展时，员工不但不紧跟公司发展的脚步，反而后退了（这种情况不是不存在），那员工面临的情况只有两种，而且是每一个追求个人成长的人最不愿意看到的两种情况：或者得过且过；或者被团队淘汰。当这两种情况出现时，员工会发现自己的成长道路更加艰难，而团队也会因此而遭受损失。

¤ 多管齐下凝聚人心

目前,一些管理者凝聚人心,仍然迷信于物质利益,也有一部分重视软文化的力量,但还是不得法。最能凝聚人心的企业文化,在不少单位仅仅是写在纸上、挂在墙上,就是没有深入到员工的思想深处,没有被员工认同。

一个缺乏员工认同的文化的企业,是无法形成强大的凝聚力的,更无法从根本上激发员工的工作积极性和创造性。企业文化建设的核心是员工认同,要让员工清楚地知道为什么这是我们的文化、我们的文化如何解释、我究竟如何做才能符合企业属性。

作为管理者,你要时时扪心自问:企业内部有没有令员工共进共退的发展目标?有没有经常与员工分享思路与价值观?有没有一种能让员工充满激情的工作氛围?如果你的回答是否定的,那么,你的企业就缺乏一种员工认同的企业文化。

如果员工不能认同公司的文化,企业就会形成内耗,虽然每个人看起来都很有力量,但由于方向不一致,所以导致企业的合力很小,在市场竞争中显得很脆弱。加强员工对企业的文化认同感,并将之转化为他们自觉的工作行为,对凝聚人心十分重要。

当然,员工认同是一种自觉自愿自发,而不是被管理者甚至制度被逼无奈的强制性认同。多管齐下凝聚人心,可以有效地提高员工的凝聚力，也是提高团队战斗力最根本和最有效的途径之一。

作为管理者，可以尝试从以下几个方面努力：

1. 员工参与文化建设

要得到大家的认同，首先要征求大家的意见。企业高层管理者应该创造各种机会让全体员工参与进来，共同探讨公司的文化。

很多人把企业文化认为是老板文化、高层文化，这是片面的。企业文化并非只是高层的一己之见，而是整个企业的价值观和行为方式，只有得到大家认同的企业文化，才是有价值的企业文化。

2. 自己要以身作则

一些管理者总是感觉企业文化是拿来激励和约束员工的，这种看法是错误的。管理者要把自己塑造成魅力型领导，在团队发展的过程中能以身作则，成为团队成员的好榜样，以自身的人格魅力凝聚人心。

3. 多关心员工

管理者在团队管理的过程中，一定要多关心员工，注重人性化管理。在企业文化的导入过程中，不要采取强压式的，要让大家先结合每个员工自己的具体工作进行讨论，首先必须明确公司为什么要树立这样的理念，接下来是我们每个人应如何改变观念，使自己的工作与文化相结合。

4. 加强文化宣传

宣传是让企业文化得到员工认同的一个重要方面，如何改进和提高我们的宣传方式呢？

首先，要学会理念故事化。企业文化的理念大都比较抽象，因此，企业领导者需要把这些理念变成生动活泼的寓言和故事，并进行宣传。

其次，要学会故事理念化。在企业文化的长期建设中，先进人物的评选和宣传要以理念为核心，注重从理念方面对先进的人物和事迹进行提炼，对符合企业文化的人物和事迹进行宣传报道。

最后，畅通员工沟通渠道。企业文化理念要得到员工的认同，必须在企业的各个沟通渠道进行宣传和阐释，企业内刊、板报、宣传栏、各种会议、研讨会、局域网，都应该成为企业文化宣传的工具，要让员工深刻理解公司的文化是什么、怎么做才符合公司的文化。

¤ 金钱不是凝聚团队的最佳黏合剂

人们倾向于认为物质是刺激人的强有力的方式，但事实并非如此。美国心理学家爱德华·德西做了一个心理学实验。

1971年，爱德华·德西进行了一项心理学实验：他让一些来参加实验的大学生在实验室里解答一组难以回答且很有趣味的智力题。这个实验是分三个阶段进行的。

第一阶段，每个实验参加者自己解题，不给予其任何奖励。

第二阶段，德西把实验参加者随机分成两组：实验组和控制组，两组同时在不同的教室进行答题活动。实验组的学生每做完一道题便可得到1美元的报酬，而控制组的学生做完后无任何奖励。

第三阶段，在第二阶段后，德西让所有的学生原地休息一会儿，在自由休息时间，实验参加者想做什么就做什么。德西这么做的目的是考察实验参加者在没有物质刺激时还能否维持对解题的兴趣。

与奖励组相比较，控制组在休息时仍继续解题，而奖励组虽然在有报酬时解题十分努力，但在不能获得报酬的休息时间，明显失去对解题的兴趣。

实验的结论证实，当一个人对活动充满兴趣时，给他提供外部的物质奖励，反而会减少这项活动的吸引力。

在某些情况下，当外加报酬和内感报酬兼得的时候，不但不会使工作的动机力量倍增，积极性更高，反而会降低其效果。在管理实践中，这一结论已经在组织管理实践中得到了广泛的重视。

管理的重点是为了强化员工对工作本身的重视，而不是关注额外的附加刺激物。但是仍有不少人大肆宣扬经济利益和各种各样的外在刺激。员工的注意力自然而然地会停留在这些外在刺激物上，从而削弱他们对工作本身的认识，同样会被削弱的也包括成员对团队精神意识的认同感。

一个优秀的团队，并不仅仅是一种物质联系，如金钱、权力等物质利益相连接的群体。优秀的管理者懂得团队管理需降低对物质刺激的依赖。

当然这里并不是说金钱不是凝聚团队的黏合剂，经济利益的刺激对团队而言仍具有一定的必要性，精神上的乌托邦仍然是不现实的。虽然拿破仑说过："金钱并不能买来勇敢。"但为了保持部队的士气，他还是慷慨地给立下赫赫战功的官兵丰厚的物质奖赏。单单在征服普鲁士、打败沙俄，签订《提尔西特和约》后，拿破仑就一次奖励给内伊元帅30万金法郎、贝尔蒂埃元帅50万金法郎、达乌元帅100万金法郎，其他实际参战的元帅和军官也都获得了奖赏。

作为管理者，永远也不要忽视金钱对成员的激励效用。

上海有一家公司，由于其产品的技术不过关，所以该产品始终无法上市，进退两难。该公司决定招聘技术方面的专家，但懂得该技术的人屈指可数。后来公司领导听说广州一家公司的总工程师有相关技术，于是派人游说这名总工程师，并许诺工资比他原公司高三倍。然而，这个工程师所在公司为留住他这个顶梁柱，也许诺加薪。上海公司的经理想了一下说："无论广州公司出多少钱留他，再加三倍就是我们的条件。"最后顺利地把工程师挖到了手，技术问题得到了很好的解决，公司赢得了丰厚的利润。

金钱是基本的保障，较高的薪酬对员工而言颇具诱惑力。美国跨国公司辉瑞制药有限公司的成功也是源于给员工高薪。辉瑞制药有限公司中国区人力资源总监在接受记者采访时曾说："作为一名在辉瑞工作多年的员工，辉瑞吸引我的主要原因之一就是它可以满足我的物质需求，通过在辉瑞的工作，我可以有不错的收入来维持我的家庭稳定并且过着体面的生活。其实，员工为什么在这家公司工作，说到底是公司可以满足他们的期望。很多管理者擅用权威式的领导让员工服从，实际上这样做不仅抑制了员工的工作热情，而且这种方法也只适用于少部分的员工。让辉瑞的员工忠心耿耿的秘诀在于让员工满意。其中，满足员工物质的需求是一个重要因素。"

对于团队的管理者，要明白金钱对于凝聚团队的重要作用，但绝不能陷入对金钱的迷信中。要坚持以金钱等物质利益作为凝聚团队的重要方面，但更重要的是从文化、信念、精神等层面作为凝聚团队的黏合剂，这样才能让团队真正成为永远也打不散的优秀团队。

第 13 招

情感激励：
用"春风化雨"滋润员工心灵

¤ 要善于运用情感管理

法国企业界有句名言："爱你的员工吧，他会百倍地爱你的团队。"管理者与员工处于天然的"对立"关系，优秀的企业家悟出了"爱员工，团队才会被员工所爱"的道理，因而采取软管理的办法，从而创造了"和谐团队"。而这种软管理，就是采用情感管理。

情感管理在现代管理中占据了重要的地位，所谓的情感管理强调管理者应该重视对下属的感情投资，任何时候都不要存心去管人，任何时候都不能忽视人的情绪。

薪资丰厚，员工却诸多抱怨，即使离开了公司，还在不停地数落公司和管理者的"罪状"，相信不少领导者都会遭遇这样的情况。你除了在心里数落这些"白眼狼"之外，只能慨叹"人心不古"了。事实果真如此吗？

如何让员工从日常工作中感到温暖

当一名员工加入团队时，除了增强他们的认同感、信任感之外，还需要以下几点帮助他们快速地融入团队。

1. 当员工顺利完成工作，取得较大成绩时

表扬员工，说上几句贴心的话语，表示出对员工的理解，并鼓励员工以后好好干。

2. 当员工在工作中碰到困难时

无论做什么工作，都会碰到一些难题。这时，管理者就应该表示理解和支持，而不是批评和嘲讽。

3. 当员工提出创意，勇于表达自己的不同意见时

应该进行鼓励，无论他的看法是否正确、是否可行，你都应该对其具有的勇气和精神表示认同，并给予鼓励。

我们同样能发现，薪资水平不丰厚，但员工队伍稳定，对公司满意度很高，员工即使离开了公司，也会时常感念原有团队的"好"。

这两种局面形成的主要原因之一，就是管理者是否重视情感管理，是否对员工进行了感情投资。在马斯诺的需要层次理论中，人不仅具有低层次的生存、安全等需要，同样具有情感方面的需要。

关注人的情绪，关心员工的心理，这在著名的"霍桑试验"中就已经表明，员工的工作绩效很大程度上与人文关怀有关。在企业内部建立"关怀"文化，有助于使员工的情绪保持在较为理想的水平上面，提高工作效率，从而提高工作业绩。

中国人的感情取向与文化传统，决定了感情因素在团队管理中的重要位置。作为一名管理者，要想让下属理解、尊重并支持自己，就必须学会关心、爱护他们，对员工进行感情投资。让下属与自己的心贴得更近，才能使他们更加拥戴和支持自己的工作，才能使他们对工作尽心尽力，才能最终利于管理。

日本麦当劳的社长藤田田在所著畅销书《我是最会赚钱的人物》中，将他的所有投资分类研究回报率，发现情感管理所获得的回报率最高。

藤田田对员工非常关心，他每年支付巨资给医院，作为保留病床的基金，当职工或家属生病、发生意外时，便可立刻住院接受治疗，避免了在多次转院途中因来不及施救而丧命的事情发生。有人问藤田田，如果他的员工几年不生病，那这笔钱岂不是白花了？藤田田回答："只要能让职工安心工作，对麦当劳来说就不吃亏。"藤田田还有一项创举，就是把从业人员的生日定为个人的公休日，让每位职工在自己生日当天和家人一同庆祝。藤田田的信条是：为职工多花一点钱进行感情投资，绝对值得。感情投资花费不多，但换来员工的积极性产生的巨大创造力，是任何一项投资都无法比拟的。

如今不少管理者通过对员工的关怀，来作为管理的一种辅助手段。为员工搞福利，为员工过生日，当员工结婚、晋升、生子、乔迁、获奖之际，如果会受到领导的特别祝贺，再铁石心肠的员工一定也会对企业忠心耿耿。

管理者能在许多看似细小的事情上关怀成员，这种关心表现在成员的工作上，相互交往上，也表现在生活上，比如在生病时的嘘寒问暖，为员工组织定期的体检、在成员逆境时的鼓励等。

作为一个管理者，要想让下属理解、尊重、信任并支持你，首先你应懂得怎样理解、信任、关心和爱护员工。任何时候，管理者都不能做一个"铁面无私"的人，尤其在生活方面要通一点人情，对员工多一些情感管理，那么企业中将会出现亲切、和谐、融洽的气氛，内耗就会减少，凝聚力和向心力就会大大增强。

要注重感情投资，重视情感管理，管理者需要重点做到以下两方面：

1. 帮助员工解决生活需要

管理者关心员工，应该首先关注员工所关心的事，如果一个人整天为生活而发愁，你想让他专心做好工作是很困难的。

而身为管理者，如果在能力所及的范围内多为下属解决生活问题，他就会感受到你的体贴，愿意长期为你付出更多的劳动。因此，为下属做好安定的生活保障，这是赢得下属尊敬与喜爱的有效方式。

2. 让员工感受温暖

在平常工作中，领导要让下属尽量感受到管理者的关心和爱护。要做到这一点，领导就必须了解每个下属的名字、家庭状况，适时给予他们问候，让他们感受到关心和重视。管理者可以在特殊时间给下属带来不一样的关怀。例如借助下属的生日、工作周年纪念日、调动、升迁以及其他重要的事情，你可以说几句赞美的话，让下属感受到你的关怀。

当然，人性管理应该是一种自觉的、一贯的行为，不要只做表面文章，不能摆花架子。这样才能让下属感受到你的真诚，才能赢得他们的信赖。"路遥知马力，日久见人心"，作为管理者，如果能长期与下属平等相待，以诚相见，感情相通，必定能吸引和留住那些优秀的员工，并激发他们努力工作。

¤ 带人要带心

新东方集团的董事长俞敏洪这样说:"你只要将人心抓住了,就什么都有了。在新东方这样的团队里,任何技术都不起作用,从员工到学生,重要的是抓住人心。"

鼓舞人、激励人是领导者工作的重要部分。常常说一个好的领导人,要懂得"带人带心"。唯有懂得"带心",才能让员工们心甘情愿追随。

有这样一则寓言故事说明了这一点:

风和太阳比试威力,看谁能把行人身上的大衣脱掉。北风先出场:冷风凛冽、寒冷刺骨,结果行人将大衣裹得紧紧的。北风并没有脱掉行人的大衣。太阳后出场:风和日丽、温暖和煦,行人感觉阵阵暖意,继而脱掉大衣。很显然,太阳获得了胜利。

这则寓言形象地说明了一个道理:温暖胜于严寒。管理者在管理过程中应该要懂得尊重和关心下属,以下属为本,多点人情味,使下属员工真正感受到领导所给予的温暖,从而去掉包袱,激发工作的积极性。

随着企业规章制度管理越来越健全,许多员工与管理者的心理距离越来越远,而管理者也认为一切靠制度就能解决。但是,人毕竟不是机器,完全没有人情味的管理不可能真正走得长远。俗话说:"浇树要浇根,带人要带心。"对于管理者来说,把下属的心暖热，适当的情感管理无疑是一剂激励的良方。

管理者对下属的关心，对下属投注感情，可以使下属的心理得到满足，甚至让他们感激涕零。

例如，团队中有人生病了，请了半个多月的病假。如今他恢复健康，头一天来上班，难道管理者对他的到来面无表情、麻木不仁，不加半句客套，这肯定会让员工感到心里不舒服。再比如，团队中的一位年轻人找到了一位伴侣，不久要喜结连理，难道管理者不冷不热地只管催促着他干活？

优秀的管理者大都知道感情投资的奥妙，不失时机地进行一些感情投资，会起到非常好的激励效果。韩非子在讲到驭臣之术时，主要偏重于赏罚两方面，但有时感情投资更能打动人。

管理者对于下属，不仅仅是工作上的指挥和领导，要想把工作做好，要想团队工作更上新台阶，管理者必须要将对下属的关心和关爱做到实处。特别是下属遇到什么特殊的困难，如意外事故、家庭问题、重大疾病、婚丧大事等，管理者在这种时候，对员工无论是物质上还是精神上的关心都可谓雪中送炭。这时候，下属会对领导产生一种刻骨铭心的感激之情。

管理者可以采取关心措施来激发员工对企业的感情，在企业内部培养出一种团队式的友情与和谐的氛围，形成员工同舟共济、苦乐相依的感情链，以此激励员工的工作热情。

人是最富感情的动物，每个人都需要得到别人的尊重、信任和关心。作为团队的成员，当然希望得到别人尤其是团队领导者的重视、信任和关心。如果管理者能够给员工一份关怀，员工便会以双倍的努力来报效组织。假若管理者只将员工当作劳动力去看待，在管理过程中不能体现人文关怀，那么员工必定会丧失工作热情。

作为企业的管理者，不但自己需要良好的业务技术素质，还要良好的思想素质和工作作风，在工作、生活和学习当中要和同事们平等相处。如果总觉得自己在其他员工面前高人一等，员工是不会喜欢这样的管理者的。所以，管理者要以朋友心，善待团队的每一名员工，真正成为团队成员们的知心朋友。比如个别员工责任心不强，工作上出了小差错，管理者既不姑息迁就，也不乱加指责，使他切身体会到管理者是在真心实意地在关心、帮助、爱护他。

作为企业的管理者，要处处关心员工，要帮员工所需，解员工所难。员工如果在工作、生活和学习当中出现了思想上不稳定的情绪，决不能对下属动辄训斥辱骂，甚至大发脾气。特别是涉及员工的切身利益的问题上要一碗水端平，决不能靠哥们义气、靠私人感情去管理团队。只有把"情"字放到团队管理当中，才能有效激发员工的工作热情。

管理者如果能从情感上给员工一些温馨和感召，使得在这个团队中工作的人，在情感的驱动下自觉地工作，团队当然会高速运转。

¤ 用"仁爱"赢得人心

如果一个人要领导一个团队,需要准备一定的资源条件,比如资金、人才、办公地、技术,等等,但是仅有这些还是不够的,还需要赢得人心,让一批人才心甘情愿地追随你。

"仁爱"即对人宽容慈爱,爱护、同情的感情,在管理过程中是指管理者对员工给予尊重、激励、同情以及悉心的爱护的一种情感投入方式,它是赢得下属的最为有效的方法之一。

孔子非常推崇"仁爱",《论语》中对"仁"的论述也非常多。孔子认为"仁"是完美人格标准的基础,一个人即使非常有才能,但是人格中没有"仁"的存在,也无法成就大事,或者空守着财富与权势,却可能众叛亲离,落得孤家寡人。孔子所说的"仁爱",对企业管理同样重要。

优秀企业的管理能取得实效,都不是用金钱激励出来的,而是靠管理者的"仁爱"之心激发出来的。

当管理者心存仁爱之心的时候,就会不自觉地积极地创造条件让员工的心理需求得到满足,这时候,员工的思想认识也会得到升华,愿意以实际行动为团队增砖添瓦。管理者都应该培养起自己的"仁爱"之心。

闻名京城的"海底捞"你为什么学不会?其中的一个奥秘恐怕就是在企业管理中的"仁爱"体现在企业经营管理的过程中。

在海底捞,新员工到店后享受非凡的"礼遇"。因为店里从店长到每一个普通员工,都在"接待"新员工,并且是"隆重接待"。

在经历培训后,新员工分配到各店,首先由店长亲自接待。店长会告诉新员工一些重要的注意事项,然后带新员工吃饭,店长做自我介绍,然后列举若干榜样,激励新员工好好干。店长之后,大堂经理、后堂经理,以及实习店长、实习经理会轮流接待新员工。他们都留下自己的手机号码,让新员工有困难跟他们说。新员工进入到这样的环境中,任何人都会感受到企业的浓浓暖意。

给予新员工优待,新员工提前下班,单独吃饭。新员工的下班时间要比正常上班早一、两个小时。接待经理会亲自通知新员工下班,并且亲自搬桌子、凳子,亲自摆碗筷,亲自给新员工打饭。新员工的这种待遇大概会持续四五天至一周。因此,接待新员工并给予优待是店长及经理们的常规工作。

在海底捞,每个师父都会拉着徒弟的手坐到自己身边,大家都会报以热烈的掌声。店长也会很郑重地告诉师父们,要在业务和生活上关心徒弟,徒弟的发展就是他们的发展,徒弟没有进步就是他们的失职。

然后,对新员工有跟踪调查。调查的对象是新员工,但内容却是针对其他人。比如店长有没有在第一时间接待,经理们有没有安排好生活,领班有没有讲解店里的情况,师父有没有认真带你。还有吃得习惯不习惯,住得舒不舒服之类。

新员工在新来的几天里，全方位感受到企业的温暖。而一个月以后就习惯了，就融入这个团体了。

"仁爱"思想是企业管理者必须具有的基本道德素质，是实现企业宗旨的有效价值选择。

人文关怀用好"四心"

团队坚持"以人为本"，用"四心"凸显人文关怀。其中，"四心"包括：

注重心理疏导，"暖心"

注重压力释放，"悦心"

注重换位思考，"知心"

注重个体关怀，"贴心"

从企业管理的角度来说，一个管理者同样必须具备一颗仁爱之心，才能在所有的管理过程中，体现出对每个人的平等、公正和尊重。

在许多时候，一个管理者如果严格按制度办事，那么很容易被部下误解为"冷血"，管理者需要在坚持制度的前提下，对下属多一些"仁爱"之心。

对于企业管理者来说，最大的仁爱是要在规章制度和管理方式上体现对所有职工的仁爱之心，不能制定缺乏人道和缺乏公正的规章制度，也不能采取缺乏人道和缺乏公正的管理方式，这才是真正体现一个管理者或一个企业的仁爱之心的根本之道。

让管理者既能拥有一颗仁爱之心，又能充分维护企业规章制度的严肃性，是考验每个管理者的一道难题，也是检验管理者水平高低的一个重要标准。优秀的管理者往往能处理好这个难题，在坚持制度化管理的同时还能让员工感受他的仁爱之心。

¤ 让员工感受到关心

管理者的管理工作最终要落实到"管人"上，而人毕竟不同于机器，每个人都有其个性、思想，管理者不但要关注工作，也要把视角放到关心员工生活方面，实现人性化管理。

某些领导者平时喜欢对下属嘘寒问暖，一旦下属的工作遇到了瓶颈或挫折，就只有责备与批评。殊不知，这正如在光线充足的地方，一盏灯的亮光算不了什么，而在一个伸手不见五指的黑夜，一盏微弱的灯光更能让受益者得到万分的惊喜。人在最难熬的时候，得到一丝关爱的阳光，比得意的时候得到的那些阳光温暖十倍。

当下属真正需要关心时，花一点精力来关心员工的生活，花一点时间跟员工沟通，与反复地责备员工相比，更有助于解决问题。管理者要设身处地为下属着想，关注员工的生活，以解决员工的后顾之忧，让员工感受到关心，这样才能使其努力工作。

有一天，一个急得嘴角起泡的青年找到领导，说是妻子和儿子因为家乡房屋拆迁而失去了住处，要请假回家安排一下。因为当时业务很忙，人手较少，领导不想放他走，就说了一通"个人的事再大也是小事，集体的事再小也是大事"之类的道理来安慰他，让他安心工作，不料这位青年被气哭了。他气愤地说："在你们眼里是小事，可在我是天大的事。我妻儿都没住处了，你还让我安心工作？"领导被这番话震住了。他立刻向这位下属道了歉，不但准了他的假，还亲自帮忙解决了下属的住处问题。

关心下属疾苦，就是要站在下属的角度，急下属之所急，解决下属的后顾之忧，这个道理是适用于任何组织的。一个优秀的上司，不仅要主动关心下属，更要善于通过替下属排忧解难来唤起他内在的工作主动性，要替他解决后顾之忧，让他的生活安稳下来，集中精力，全力以赴地投入工作上。

　　管理者对下属的关心不能只停留在工作上，下属的生活区域、情感地带也应获得关照。领导的关怀能激发员工的工作热情，让员工精力充沛。

　　当然，领导者首先不能在困难面前退缩、放弃，而要对解决困难充满信心，并用这种必胜的信念去感染下属。好比，在几匹马拉着重物爬不动坡的时候，车把式这时候与其使劲地鞭打马，倒不如让马休息一下，再喂点草料，让它们养足精神，然后一齐发力，冲上坡顶。领导者最需要重视的是团队中的中坚分子。如果能够从生活上关心他们，激起他们战胜困难的情绪。这部分人的情绪就会感染大家，使整个集体斗志昂扬。一旦整个团队的精神被激活，在最困难的时候，也成了团队最能爆发力量的时候，胜利的曙光就在眼前了。

　　领导要让员工感受到关心，就有必要时常与下属谈心，关心他们的生活状况，对生活较为困难的下属的个人和家庭情况要心中有数，要随时了解下属的情况，要解决下属的后顾之忧。

　　而自己必须从事业出发，实实在在，诚心诚意，设身处地地为下属着想，要体贴下属，关怀下属，真正为他们排忧解难。

　　尤其是要把握好几个重要时机：当重要下属出差公干时，

要帮助安排好其家属子女的生活，必要时要指派专人负责联系，不让下属牵挂；当下属生病时，上司要及时前往探望，要适当减轻其工作负荷，让下属及时得到治疗；当下属的家庭遭到不幸时，上司要代表组织予以救济，要及时伸出援助之手，缓解不幸造成的损失。

但值得说明的是，对下属的帮助也要量力而行。在帮助下属克服困难时要本着实际的原则，在力所能及的范围内进行，不要开实现不了的空头支票。帮助可以是精神上的抚慰，也可以是物质上的救助，但要在自己所能承受的范围内进行。

第 14 招

成长激励：
有"奔头"，才会有持续不断的激情

¤ 让员工成为人力资源

众所周知，人是最有价值的资源。"人力资源"的概念是在20世纪末从美国引入的，在此之前，我国对企业中的人事管理部门定义为人事部，时至今日，绝大部分的企业都已把它命名为人力资源部。把人事部改成人力资源部，代表着一种观念上的改变，改变之后，人就成了一种人力资本。实际上，人不仅是一种资本，而且是团队中最重要的资本。

人才是一个团队中最重要的资产，然而，大多数企业对员工能力的开发，却远远没有达到员工潜能可开发的部分。因此，我们可以说，不论在哪一个国家哪一个地区，人力资源一直都是严重的浪费，也严重地威胁和制约着企业的生存和发展。

人力资本管理的效果确实不像财务管理那样可以量化地计算出来，能够给企业带来一下子就能看得到的利润。但管理者依然可以看到人力资本的重要性，比如某个事情原来是10个人做的，如果能通过一个比较完善的管理制度把人员降低到5个人，不仅其直接成本会降低，同时也会间接改善企业的经营活动。

许多管理者每天都会把大量的时间花在人的身上，确实，比如涨薪的幅度、考评、岗位责任等问题，不仅耗费管理者大量的时间，而且还都是一些令人头疼的问题。如果在人力资本方面能够有效地加强管理，时间上的效果应该是可以量化出来的。

身为团队的一分子，就是团队最重要的资产，如果不能为团队创造效益，那么员工就不能称为人力资本，而要称为人力成本了。资本的一个重要功能就是具有增值功能。如果不创造效益，不能为团队增值，员工就将只作为一种人力成本而存在。

对于管理者而言，当然需要引入更多的人力资本，为团队带来更多的效益，减少更多的人力成本。如果不能为团队创造业绩和效益，就是管理者的失职。如何将人力成本转化为人力资本，是每个管理者需要深思的问题。

某酒店的酒店管理行动纲领里面写着这样几条：

我们追求出正果。出正果就是我们的工作要富有成效，做任何事都要追求一个好的结果。我们反对只说不做，同时我们也反对做而无效。只有持之以恒地付出，不折不扣地努力，才能得到理想的回报。

企业对员工价值认可的程度，取决于员工为企业创造业绩的多寡。管理者坚持以绩效的获取和提升作为管理的出发点，以绩效水平作为评核管理工作有效性的依据。

　　工作价值和市场价值决定着员工的分配基准，绩效水平决定着员工的实际获得。没有业绩的员工是企业的成本，而非资本。管理者要设法让员工从人力成本变为人力资本，变成团队可利用的人力资源。

¤ 帮助员工规划职业生涯

　　在我们的团队中，即便管理者为每个职位、每次机会都给员工以公平竞争的机会，但毕竟机会有限，以有限的岗位对比庞大的员工队伍，无疑会让一些有晋升要求的员工感到失望。更可怕的是，这种失望往往出现在优秀员工身上，因为他们对晋升的期望更高。但是，作为管理者，不能消除员工这种失望的话，会导致员工工作热情降低甚至会流失。这就需要管理者帮助员工规划职业生涯，找到发展方向。

　　管理者需要为员工定制短期、中期和长期目标。这需要为员工量身定做，因为员工的素质、工作表现、期望不一样，其能达到的目标也不一样。根据员工的不同情况，设置其不同阶段的不同目标。

　　管理者如果为每个员工设定目标，无疑会给自己增加大量的工作。但这个工作必须要做。管理者需要帮助员工设立职业规划的意识，让员工懂得职业规划的重要性，并知道如何去规划。让员工进行职业规划，其实也是帮助员工成长的一种方式。

管理者可以先让员工自己做职业规划，员工自己做出来的更符合员工的期望和向往，这种发自内心的期待更具有行动的动力。但员工自己做出的职业规划不一定完全符合实际。因为员工自己做出的规划不一定完全符合实际。所以，管理者需要在员工自己做出的职业生涯规划的基础上，帮助员工调整和重新规划。

管理者需要结合员工的个人素质、特长、爱好、技能、工作表现甚至人生观、价值观来为员工制订职业规划。同时做职业规划需要考虑到众多的现实因素，这样做出来的职业规划才更符合员工的实际，也更具有可操作性。

在工作中，谁都希望有好待遇，这个好待遇包括权力、职位、福利，也包括安逸舒适。这些我们并不是不要，我们需要警惕的是一切都向"好待遇看齐"心理，更不能因为有了好待遇，就觉得从此可以高枕无忧了，再不去进步和努力。因为，好待遇管的往往只是一时，而不断的成长却能管用一世。帮助员工规划职业生涯，让他的成长成为一个增值的过程，如此，团队才能够实现其资本价值。

"公司不会一脚把你踢进大海，他会给你游泳圈，还会有教练在一旁指导你，让你从不会游到游得很好。"宝洁大中华区市场部、设计部和品牌运营部人力资源经理左佳评价公司的人才培养说。

2006年，刚进公司第二年后左佳就被派到了香港开拓招聘市场。在不长的时间内,她从一个不会说粤语,不懂香港文化,没有独立负责单元经验的新手,成长为管理着 100 名员工、600 多名美容顾问的职业经理人。左佳认为正是公司的在职培训为自己打开了成功之门。

看一个企业或是个人,既要看实力,更要看后期的发展潜力。发展后劲不足的原因是多方面的,或者说表现是多方面的,但是成长的后劲不足,是非常重要的方面。

一个人的人生如果分为两个阶段,那么,前一阶段就是用金钱买智慧,后一阶段是用智慧换取金钱。工欲善其事,必先利其器。

职业生涯规划不是一成不变的,它需要根据不同的时期和员工的发展的不同阶段,以及情况的变化进行调整。但这种调整也不需要变化过多,变化过多会导致员工的困惑和失去方向感,职业规划也就失去了意义。

职业规划必须得到员工的认同,管理者不能将自己要求的方向强加于人。管理者可以对员工的期望进行引导但不能强制,得到员工深层认同的职业规划才能激起员工行动的动力。

每一个职业规划的背后,一定要有很强的学习力作为支撑。如果员工的学习力每况愈下,那他很可能从一个"人才"变成你的企业乃至社会的一个"包袱"。人才其实是一个动态的概念,它不是一成不变的,不是永恒的。它需要不断晋级、不断发展,只有人才的学习力不断加强、不断提高,才能保证人才的新鲜，这样的人才才是信息时代的人才，才是真正意义上的人才。

¤ 让员工走出"心理舒适区"

何谓心理舒适区？心理舒适区就是让人从心理上觉得舒适、愉快的外界环境氛围。

心理舒适区的两大功用：一个是体现人生价值，一个是逃避社会现实压力。之所以说心理舒适区体现人生价值，是因为心理舒适区无论如何都是通过个人努力得以实现的产物，也就是个体之前阶段价值的体现，让我们觉得舒适，可以享受；之所以说逃避社会现实压力，是因为环境在不停地变化，现在的舒适区肯定不能是一直觉得舒适的条件，必然面临更多的挑战会变得不舒适，而心理上一旦产生惰性，就会导致停留在现有的舒适区上从而忽略这些让人觉得不舒适的环境变化带来的挑战和压力。

惰性是大部分人们沉溺在自己的舒适区的性格因素，这个因素最终致使我们陷入困顿的境地。懒惰是一种恶劣而卑鄙的精神重负。人一旦背上了懒惰这个包袱，就会整天怨天尤人，精神沮丧、无所事事，这种人注定了不会受到别人的欢迎。产生惰性的原因就是试图逃避困难的事，图安逸，怕艰苦，积习成性。人一旦长期躲避艰辛的工作，就会形成习惯，而习惯就会发展成不良性格倾向。

有不少这样的员工，由于自己优秀就开始觉得自己了不起，越是不融入企业，越来越听不进别人意见，他已经走入了自己设定的"心理舒适区"了。

有一个叫何维的人，他曾经在一家私企任人力资源部的经理。在成为人力资源经理之前，他工作非常努力，并做出了突出的成绩。老板非常赏识他，工作第二年就把他提拔为公司的人力资源部的经理。

坐上人力资源部经理的职位后，拿着丰厚的薪水，驾着公司配备的专车，住着公司购买的豪宅，他的生活品质得到了很大的提升。但他不满足于现有的工作环境，总认为的公司发展很小，于是跳槽到了现在这家大型合资企业。

到了这家企业以后，何维在人力资源部门担任一个小职员。这让何维心怀不满："凭什么我一个人事经理要屈居在你这里做一个小职员呢！凭我的能力，做一个经理还不是小意思。"面对工作任务，何维总是认为自己能力大，不屑于做小事。于是他在人力资源部待了半年，还没有什么特别的表现。

朋友曾善意地提醒他："应该踏实一点儿了，没有业绩是很危险的。"没想到，何维竟然说："我是有能力的人，却在人力资源部门做个小职员，我早就不想干了。这家公司没有发现我的能力，失去我是他们的损失！"

的确，老板确实没有发现何维有什么能力。因为他并没有在工作中展现自己的能力。而他的糟糕表现，终让老板动了换人的念头。终于，在一个清晨，何维和往日一样，优越感十足地迈着方步踱进办公室里，第一眼看到的却是一份辞退通知书。

从何维的例子可以看出，价值是一个变数。今天，他可能是一个价值很高的人，但如果他故步自封、满足现状，明天，他的价值就会贬值，被一个又一个智者和勇者超越。

实际上，影响对心理舒适区的定义，是一个人的价值观。正是因为价值观的不同，才会导致同样的环境条件有些人因为满足而觉得舒适，有些人觉得不满足而不会感到舒适。其中最重要的价值观是勇敢和勤劳。"真的勇士敢于直面惨淡的人生"，鲁迅的话语高度概括了勇敢的特质才能使人正视而不是忽视环境的变化；而勤劳才能促进其付诸行动，惰性只会促使其停步不前。打破自己的舒适区，化懒惰为勤劳，这就是成长的开始。

有位妇人名叫雅克妮，现在她已是美国好几家公司的老板，分公司遍布美国27个州，雇用的工人达8万多。

而她原本只是一位极为懒惰的妇人，后来由于她的丈夫意外去世，家庭的全部负担都落在她一个人身上，而且还要抚养两个子女，在这样贫困的环境下，她被迫去赚钱养家。她每天把子女送去上学后，便利用余下的时间替别人料理家务，晚上，孩子们做功课时，她还要做一些杂务。这样，她懒惰的习性就被克服了。后来，她发现很多现代妇女都外出工作，无暇整理家务。于是她灵机一动，花了7美元买清洁用品，为有需要的家庭整理琐碎家务。这一工作需要自己付出很大的勤奋与辛苦。渐渐地，她把料理家务的工作变为一种技能。后来甚至大名鼎鼎的麦当劳快餐店居然也找她代劳。雅克妮就这样夜以继日地工作，终于使订单滚滚而来。

很多人都想尽力享受劳动成果，却失去了往日奋斗的动力。身为管理者，自然不允许这样的情况发生。

"心理舒适区"会吞噬人的心灵，懈怠会引起无聊，无聊也会导致懒散。一些人花费很多精力来逃避工作，却不愿花相同的精力努力完成工作。对于这样的人，管理者必须想尽办法让他们走出"心理舒适区"。

从积极的人生角度来讲，员工应该正视和重视工作环境的变化，不停地调整自己的行动，挑战和超越自己的心理舒适区，才能获得更大的工作成就和自我价值。

¤ 引导员工进行长线投资

股市中不是所有的人都是挣钱的，翻开苏宁电器、特变电工、国电南瑞、贵州茅台等一系列跨年度大牛股的历史 K 线图，你会发现它们也都经历过破位下跌、长期横盘的走势，最终成为市场上最大的胜利者。

实际上，这样的投资理论同样也适用于工作。在许多人眼里，薪水就是员工个人的短线投资，成长才是他们的长线投资。

有些人工作态度"超然","给我多少钱,就干多少活","不是自己分内的事情一律不干"。从表面来看,他们很精明,没有吃亏;从长远来说,他们却损失惨重:他们逃避工作、推卸责任,整天为眼前的工资伤脑筋,却忘记了在工资背后深藏的更为珍贵的东西。

工作给予了员工锻炼的机会,工作提升了个人能力,工作丰富了个人经验,所有这一切所蕴含的是员工将来提高薪水和提高职位的根本基础。

有两个刚毕业的年轻人,小A和小C,他们都很聪明,学习成绩差不多,兴趣爱好都一样,可以说他们两个起点是一样的。

毕业后,他们开始找工作,对于他们来说,有很多机会可供选择,正好,有一家大型的培训公司向他们抛出了橄榄枝。

几个月后,他们偶然碰面了。谈起那家公司,小A用一种厌恶的语气说:"那家公司简直是抠门到家,居然只肯给我月薪4000元,谁干啊!我直接拒绝了,现在我在另一家公司上班,每个月5000元。"

小C听了他的话,微笑着说:"我去面试的时候,公司也是提出月薪4000元,但是我接受了这份工作,现在我就在那里上班。"

小A听了很惊讶,他说:"你条件这么好,不愁找不到薪水高的工作,这家公司薪水这么低,你不是吃大亏了吗?"

小C笑了,回答道:"谁不想赚更多的钱?我现在主要是想学点东西,当时面试我的老板给我留下了深刻的印象,我觉得能从他那里学到很多东西,薪水低一点也没什么,从长远来看,我在这里工作比较有前途。"

一年过去了,他们之间的差距显现出来了,小A的月薪还是那些,而小C的月薪已经从最初的4000元涨到了10000元,并且拥有公司的股份。

从短期目标来看,工作固然是为了生计,但这只是前进路上保障衣食无忧的基本条件,这种需要最低级,也最容易得到满足。人的最终目标是实现自己的价值,赚钱容易,要想有一番作为却困难得多。只有在一个人的天赋得以发挥时,他所付出的辛劳才有可能开花结果。

在这个极速前进的时代,任何人都想迅速成功,许多人挖空心思想要寻找高薪的捷径、良方,梦想着能够撞见什么奇遇,从而一鸣惊人或者一步登天。但是,天下没有免费的午餐,任何事情的发生都有一定的前提。管理者必须引导员工不断提升自己的能力,才能成为优秀的人才。

"机遇偏爱有准备的头脑",与其让员工"投机"薪水,不如引导员工"投资"成长,只有能力、才学充实了,才能将机遇送给你所期待的优秀员工。

任何团队都是一个靠业绩和能力生存的地方,这里没有永不辞退的长期保单,也没有永受厚待的"红人",只有引导员工靠自己充实的头脑和勤奋的双手去拼搏,才能在激烈的竞争中生存并立足。

¤ 使员工在实战中提升能力

员工不能被锻炼出来，企业就不可能有竞争力。管理者一定要知道，工作岗位就是最好的培训地。

培训的目的是实战，而实战也是重要的培训方法。注重培养一线的实战能力和现场处理经验，让员工培训从书本中走出来，改变过去员工培训只注重"书本理论"的做法，使员工培训理论与实战有机地结合起来。

不少管理者就是利用工作岗位，使员工参与到工作实战中去，从而练就了一大批出色的员工，继而发展成为企业的中坚力量。

作为中国汽车工业的王牌部队，中国第一汽车集团公司是从工作岗位培养人才的典型代表。"出汽车、出经验、出人才"，一汽集团在为国家经济建设做出巨大贡献并输送了大批优秀人才的同时，也为自己培养造就了一支素质过硬、特别能战斗的人才队伍，"人赢则赢"这一规律被演绎得更加生动。

一汽集团每年都要招聘500多名刚毕业的大学生，大学生毕业通过入厂培训后，全部分配到基层锻炼，并配有导师指导，经过一年的实践锻炼后，根据企业的需要和个人的实际能力再确定岗位，人事部门定期进行考察、甄选，其中的优秀者将进入人才库，作为后备人才重点培养，并实施动态管理。让大学生们参与解决企业在生产、质量、技术、经营和管理等方面遇到的难题，既推动了企业的工作，也使他们在工作中得到了锻炼和考察。工作岗位是一汽培养大学生的第一主战场。从这个战场上走出的人才，能打硬仗，能打胜仗。在工作岗位上锻炼人才，成为一汽集团持续辉煌的人才秘诀之一。

在这里，需要提醒管理者们注意的是，要想在工作岗位上培养员工，首先要为员工提供合适的位子。把员工放到合适的位子上，还要使员工明确自己的责任。只有每一位成员都明确自己的责任，才能更好地完成团队任务，才能实现更好的成长。

员工接受企业的培训，为公司创造业绩，是公司和个人能够保持优势生存、缔造常青基业的根本保障。

在百度，新入职的技术员被分为9个序列的技术岗位，这9个序列的技术岗位共分为57个技术职称，每半年进行一次评定，表现超凡的可以被破格提拔，表现最差的将有可能被淘汰。

崔珊珊开始进入百度公司的时候，还是一名普通的技术员，技术等级很低，薪水也比别人低得多，而且公司内部竞争也很激烈，她随时都有被淘汰的可能。但是，她一直秉承这样一个信念："只要我能努力给公司带来业绩，公司一定会认可我。"崔珊珊为此付出了巨大的努力，她通过不断学习，掌握了过硬的技能，并为公司创造了很可观的业绩，而她自己也得到了公司的认可。她在百度经历了工程师、高级工程师、技术经理、高级经理、技术总监五个级别的晋升，从一名普通员工成长为高级管理者。从开始的单纯做技术，转为管理自己部门内的工程师，确保他们创造出最精良的技术产品。

崔珊珊用自己的努力证明了自己的才干，成为公司的领导层。在很多企业，像崔珊珊这样通过在实战中不断提升的人还有很多。

要激发员工的潜能，把员工放到最能发挥其特长的岗位上去，通过岗位锻炼激发员工的潜能。领导要适时把员工放到新的工作环境中接受新的工作任务，用不同的岗位锻炼员工，从而保持员工的持续学习状态。

第 15 招

危机激励：
时刻提醒"狼快来了"

¤ 提醒员工：我们的公司可能会倒闭

2006 年，李彦宏在给百度员工的一封信中指出："我们正处于一个什么样的时代？当我们愉快地享受着不打卡的自由，穿拖鞋上班的宽松文化，股价高企给每个人多多少少的骄傲的同时，我们不要忘了，百度永远离破产不到 30 天！"

这是因为，在忧患中能时时警惕，防止问题的产生和扩大化，同时，在忧患中也才能有效锻炼解决问题的能力，使之"立于危地而不惊"，能够从容解决问题，从而得以生存。而久于安乐之中，对可能出现的问题或危机无防范措施，一旦问题产生，危机来临，则无以应对，有可能最终导致灭亡。

社会是不断变化发展的。在这样一个日新月异的社会中，我们必须保持忧患意识，适应社会的发展，否则只能面临被淘汰。

有的管理者认为，自己的团队处于辉煌发展阶段，不可能

化危机为良机

在危机中,孕育着机会,只要把握住机会,就可以把危机变成转机,促进团队发展。

发现机会,管理者要做到有真知灼见,能客观准确的分析判断,有超人的胆魄和果断的决策。

抓住机会不是终点而是起点,管理者必须洞察先机,准备好一切,根据自身的事例,利用市场契机,以最小的成本代价快速进入并占领市场。

机会还可以创造,也就是延伸机会。如果只抓住机会、故步自封,只能成为市场的追随者,要掌握市场的主动权,才能获得成本效应、品牌效应等。

会有破产的可能。殊不知，没有谁可以做永远的强者，国家如此，企业也是如此。

华为是中国赢利最好的高科技企业以及世界最大的通信设备制造商之一。任正非以他的理性、智慧、勤奋和危机感，影响了中国的企业和企业家，也影响着全球通信行业的格局。

任正非每次提到危机、"冬天"时，华为就会出于生存的本能，集聚资金。2008年金融危机爆发，任正非再次提出"行业冬天"，华为就开始计划出售旗下手机终端设备部门。任正非有意出售该部门50%～60%的股权，从而获得约40亿美元的资金。这被业界解读为继2001年出售华为电器之后，华为准备的又一件过冬的"棉袄"。

经过华为电器、华为3com等多家子公司的成功变卖，"产业资本运作"已成为华为熟练的融资之道。2001年以7.5亿美元把旗下安圣电器卖给了爱默生电器，2005年华为3com49%的股权卖了8.82亿美元，仅此两项，华为赚了16.32亿美元。通过孵化子公司——使其具有竞争力——再出售，此种模式为华为融得的资金，补充了华为历史上每一次扩张的资金缺口，此为不言上市的华为的"资本之道"。

众所周知，在所有的企业家中，任正非的危机意识是最强烈的，他写过很多如《华为的冬天》一样的文章以激发员工的危机意识，在任正非身上，我们看到了"战战兢兢、如履薄冰"的经营之道。当然，华为更为人乐道的是其创新研发能力，不论是春天还是冬天，华为一直坚持质量立世，注重研发与创新。将质量提高、服务做好和成本降低是华为一直处于遥遥领先地位的原因。

华为凭强烈的危机意识，不断发现自己的不足，不断地改进和提高，使公司获得快速的发展。企业经营者和所有员工面对市场竞争，都要充满危机感，今天的成功并不意味着明天的成功，企业最好的时候往往是没落的开始。

作为企业管理者，要向太平意识宣战，才能防微杜渐，居安思危，让企业一直处于奋斗的状态，让企业在时代的浪潮中能够与时俱进。

时刻保持危机意识，这是因为：

1. 强者不可能恒强

我们发现，有的企业在慢慢地消亡、破产，而有的企业则像雨后春笋一样迅速地发展并壮大起来，也让我们看到，没有哪个企业是永远强大的。

作为一个企业的经营管理者，应该拥有正确的危机心态，认识到现实中可能存在的种种危机，自强不息，提早防范。如果一个企业的管理者不能够很好地认识到这个规律，骄傲自满、故步自封，固执地以为自己的企业能勇立潮头，没有半点危机意识，那么他必然会在幻想中迎来最后的失败。

2. 大企业也会有危机

从一个企业的发展来看，越是大规模的企业，越可能存在各种各样的问题，各行各业都是这样。企业竞争只会越来越激烈，各行业也都步入了低速增长期，现在的消费者也变得越来越挑剔，想要维持企业的发展并非易事。

如果没有数码相机的风靡，柯达也不会陷入破产的境地。类似的例子还有很多，那些曾经的巨无霸也不可避免地被淹没在时代前进的浪潮中。

3. 一山更比一山高

当一个企业成为一个强者的时候，不要忘了在你的前方还有比你更强的强者。就像自然界中的食物链一样，世界上没有最强的无敌的霸主，也没有可以超越食物链的猛兽。企业也是如此，无论你是多么强大的巨无霸，总会有发展的软肋。为此，作为一个企业的经营者，一定要充分认识到这一点，并且时刻保持清醒的头脑。

4. 居安思危

无论是一个国家、一个企业，还是一个团队、一个人，都应该认识到居安思危的重要性，时时警醒，不断激励自己。

当野狼卧在草上勤奋地磨牙时，狐狸看到了，就对它说："天气这么好，大家在休息娱乐，你也加入我们队伍中吧！"野狼没有说话，继续磨牙，把它的牙齿磨得又尖又利。狐狸奇怪地问道："森林这么静，猎人和猎狗已经回家了，老虎也不在近处徘徊，又没有任何危险，你何必那么用劲地磨牙呢？"野狼停下来回答说："我磨牙并不是为了娱乐，你想想，如果有一天我被猎人或老虎追逐，到那时，我想磨牙也来不及了。而平时我就把牙磨好，到那时就可以保护自己了。"

我们的企业有做到像这只野狼一样吗？企业中的管理者们能否居安思危，主动向自己的太平意识宣战呢？

¤ 警惕工作中的"马蹄铁"现象

失了一颗铁钉，丢了一只马蹄铁；丢了一只马蹄铁，折了一匹战马；折了一匹战马，损了一位将军；损了一位将军，输了一场战争；输了一场战争，亡了一个国家。

"马蹄铁现象"说明了由于事物的内在联系，某些初始条件十分细微的变化，可能对事物的发展造成灾难性的后果。

"二战"期间，驻守索伦港的英军与总部的一次无线电通话被德军截获，因通话中一处保密上的疏忽而泄露天机，结果被德军全歼；日军在中途岛战役中，由于用简易密码联系淡水供应问题而被美军破译，以致遭到惨败。诸如此类小事酿大祸的例子不仅在战争中比比皆是，在其他领域中也并不鲜见。1970年美国进行导弹发射试验，由于操作人员对弹体上的一个螺母少拧了半圈，导致系统失灵发射失败；1980年"阿丽亚娜"火箭试射，操作人员不慎将火箭上的一个商标碰落，正好堵住了燃烧室喷嘴，结果耗费巨资的发射毁于一旦。

这些失败都源自于一个毫不起眼的细节。一个小小的细节就是危机的萌芽，刚开始很容易驱除，但如果因一时大意被忽略,都会造成毁灭性的打击。

我国古代有这样一个故事:

临近黄河岸边有一片村庄,为了防止水患,农民们筑起了巍峨的长堤。一天,有个老农发现蚂蚁窝一下子猛增了许多。老农心想:这些蚂蚁窝究竟会不会影响长堤的安全呢?他要回村去报告,路上遇见了他的儿子。老农的儿子听后不以为然地说:"那么坚固的长堤,还害怕几只小蚂蚁吗?"随即拉着老农一起下田了。当天晚上风雨交加,黄河水暴涨。咆哮的河水从蚂蚁窝始而渗透,继而喷射,终于冲决长堤,淹没了沿岸的大片村庄和田野。

一位管理者曾经说过:"轻率和疏忽所造成的祸患,将超乎人们的想象。"排除掉一些偶发的重大事故与损失,存在于日常工作中的马虎轻率更是不胜枚举。企业中,技术人才对专业技术工作不求进取,马马虎虎,得过且过,对存在的技术问题懒得思考,对遗留的技术隐患不去克服,没有刻苦钻研的学习精神;营销人员总想着公司做大规模的广告,不好好地做经销商的工作,做事不精益求精,只求差不多……这些看似不起眼的小疏忽,往往会成为企业发展的重大隐患。

团队规模越大就越容易出现"马蹄铁"现象,因为企业大,所以小事没有人做;因为事情不大,所以小事做不透。

浙江某地用于出口的冻虾仁被欧洲一些商家退了货,并且要求索赔。原因是欧洲当地检验部门从1000吨出口冻虾中查出了0.2克氯霉素,即氯霉素的含量占被检货品总量的50亿分之一。经过自查，环节出在加工上。原来，剥虾仁要靠手工，一些员工因为手痒难耐，用含氯霉素的消毒水止痒，结果将氯霉素带入了冻虾仁。

这起事件引起不少业内人士的关注：一则认为这是质量壁垒，50亿分之一的含量已经细微到极致了，也不一定会影响人体，只是欧洲国家对农产品的质量要求太苛刻了；二则认为是素质壁垒，主要是国内农业企业员工的素质不高造成的；三则认为这是技术壁垒，当地冻虾仁加工企业和政府有关质检部门的安全检测技术，落后于国际市场对食品质量的要求，根本测不出这么细微的有害物。然而，无论人们如何评判这次事件，我们都可以从中吸取这样一条经验教训：错误，只要是错误，无论怎么细小，都可能造成重大的损失。

危机藏于细节中，没有任何一件事情，平凡到可以被抛弃；没有任何一个细节，细到应当被忽略。"大事"往往是由无数"细节"组成的，忽视了细节，很有可能导致难以想象的巨大损失；只有认真对待细节，做好细节，才能最终成就大事。

¤ 时刻保持压力和危机感

"人无远虑，必有近忧。"在这个竞争激烈的时代，一切都是瞬息万变的，任何组织都不能保证自己在任何时候都立于不败之地，居安思危、未雨绸缪才是高明之举。当代管理学家已经公认，有效的组织现在已不强调"有反应能力"，而应强调"超前管理"。

在市场中，许多企业虽有过辉煌的历史，但由于管理者忽视危机的存在，没能让危机意识在企业内部长久存留，使企业最终会陷入危机中。电脑界的蓝色巨人IBM当年的"惨败"就是一个生动的实例。

当大型电脑为IBM带来丰厚利润，使IBM品尝到辉煌的甜头后，整个IBM都沉浸在绝对安逸氛围里，危机感尽失。在市场环境慢慢发生变化，更多的人青睐于小型电脑时，IBM却对市场出现的新情况不予理睬，没有意识到市场危机的降临。或者说，在企业不断成长的过程中，IBM没有注意到企业危机管理的重要性，依然沉醉于大型主机电脑铸就的辉煌中，按部就班，继续加大大型主机电脑的市场比重，最终自己打倒了自己。

如果企业满足于眼前的一时辉煌，没有看到潜伏的危机，最后的结果只能是被市场所抛弃。可见，危机感不但是医治人类惰性和盲目性的良药，也是促成变革的最大动力之一。富于前瞻性、挑战性和创造性的危机制造以及危机解决，可以有效引导员工，强化凝聚力，有效提高企业竞争力。

在管理的过程中，我们经常会说"创业容易守业难"，在一个商机遍地的时代，虽然创业不是一件简单的事情，需要长期努力与投入才有机会取得成功，但守业却是一件更不容易的事情。许多曾经优秀的企业照样从我们的视野中消失，看似风光无限的一些企业，却总是潜藏着许多危机。

管理者需要强调在任何时候都需要做到防微杜渐。曾经有许多名噪一时的大企业在人们的注视下悄然而逝，退出了历史的舞台；一些人们眼中的小企业不断强大，取而代之。百年老字号都不免有被淘汰的结局，作为管理者，怎能被眼下的辉煌蒙住自己的眼睛？

危机无处不在，无论是个人，还是企业，都要增强自身的危机意识，尤其是在企业的辉煌阶段，更不能掉链子。要知道，站得越高，摔得越疼。

巨人集团作为一个曾经红遍全国的知名企业，在不到两年的时间就实现销售额近4亿元，员工更是达到了2000多人，然而在不到4年的时间里，便沉陷危机之中。

1993年~1996年，巨人集团放弃了自己的专业化发展之路，开始在房地产、生物工程和保健品等领域朝"多元化"方向发展。但是，这让巨人集团自身的弊端一下子暴露出来，公司落后的管理制度和财务战略上的重大失误最终使巨人集团身陷困境。

史玉柱并非没有意识到企业存在危机。在1995年的时候，为此，他走访了太平天国起义的旧址——金田，仔细研究了洪秀全的成败得失；他来到大渡河，面对滔滔河水，仰天长叹："我们面前就横着一条大渡河呀！"

像巨人集团这种在当时十分成功的企业，最终也不免陷入危机之中。在当时,电脑还是朝阳产业,巨人集团在这方面还远没有成熟,可以将其作为核心业务来发展,在其他业务上不必投入过快。但巨人集团却反其道而行之,使企业陷入难以自拔的地步。

"兵无常势,水无常形",管理者如果不思进取,或是盲目发展,都会给企业带来不利的影响,甚至使企业淡出人们的视线。尽管后来巨人集团重新站了起来,但20世纪的危机无疑给新世纪企业的发展敲响了警钟。

作为管理者,要居安思危,这样才能让自己不满足于眼前的所得,保持不断努力奋斗的良好状态,让自己、让企业走得更远,不至于昙花一现,如流星般光耀一时。在激烈的竞争中,没有一个企业能在一成不变或盲目进取的基础上保持永恒的竞争力和领先优势。

¤ 建立必要的预警机制

对于任何团队和个人,想要最大限度地减少危机损失,就要避免危机的发生。及早识别潜在的危机因素,以便对症下药,在危机的潜伏期就把各种潜在风险扼杀在萌芽中,才能为团队的进一步发展清除障碍。

春秋战国时期,魏文王问医生扁鹊:"你们家兄弟三人,都精于医术,你说说你们之间到底谁的医术更好呢?"

扁鹊回答说:"大哥医术最高,二哥次之,我最差。"

文王奇怪说:"那为什么你的名气最大呢?"

扁鹊答道:"我大哥是在病情发作之前治病。由于一般人在自己发病之前觉察不到,所以也不知道我大哥事先能铲除病因,所以他的名气无法传出去,只有我们家的人才知道。我二哥是在病情初起之时给人治病。所以,一般人以为他只能治轻微的小病。因此他的名气只及于本乡里。而我治病,是治病于病情严重之时。人们看到我在经脉上穿针放血、做一些在皮肤上敷药的大手术,就会以为我的医术高明,名气因此响遍全国。"

这个故事告诉我们,事后控制不如事中控制,事中控制不如事前控制。对于不少团队来说,从事发后的及时补救转变成为事发前的预警和防范,才是成本最低、最简单的方法。

能及早识别危机的存在,采取措施将危机扼杀在摇篮之内,是成本最低的危机管理方式。能够从先兆中预测到危机,并提出防范危机的决策,比挽救危机更重要。

很多危机在发生之前会有一定的征兆,管理者们只要稍为留神,便能预见。可预见的危机有两种情况:一为团队内部原因,可以自行控制,消除了危机隐患,实际上就走出了危机状态。但如果未能预见并加以防范,则迟早会出现危机结果。二是宏观环境的变化,团队不能控制,因而也难以避免,但可设法减弱或转移危机的破坏。

因此,管理者有必要建立相应的预警机制。

预警机制的主要内容

预警机制的主要内容包括:

危机监测,凡是在组织的日常工作中对那些有可能引起危机的各种因素和危机的表象都要进行严密的监测,搜集有关危机发生的信息,及时掌握危机变化的第一手材料。

危机预测和预报,即对监测得到的信息进行鉴别、分类和分析,对未来可能发生的危机类型及其危害程度做出估计,并在必要时发出危机警报。

下面跟大家说一下……的问题,大家一定要提前作好准备!

危机预控,即针对引发危机的可能性因素,采取应对措施和制定各种危机预案,以有效地避免危机的发生或尽量使损失减少到最小。

预警信号1：销售额与利润

一般而言，销售额包括两个方面，即销售单价和销售量。

销售额＝销售单价 × 销售量

这一公式可以帮助计算销售额的大小。当销售额下降时，必须从销售单价和销售量两方面加以考虑，查明到底是销售单价下降的原因，还是销售量减少的原因，抑或是二者兼而有之。

光看销售额还不足以对企业危机进行预警，应当将销售额与利润结合起来考虑。特别是有的时候销售额提高而利润未见增多，这往往也是企业危机的一个明显征兆。如果销售成本的增长大于销售额的增长，那么企业危机也就在所难免。

预警信号2：财务指标

比如说，一个企业连续亏空5年以上，而且营业业绩丝毫未见好转，那么该企业就存在严重的危机，总有一天会倒闭。企业倒闭有盈余倒闭和亏空倒闭两种。盈余倒闭常见于经济景气时。此时，企业效益尚好，但资金筹集发生困难，特别是由于企业大规模进行设备投资，造成贷款负担过重。如能将贷款、赊购款以及其他债务暂时冻结，则企业可能会起死回生，东山再起。

而由亏空引发的倒闭则较为严重。由于销售能力下降和成本过高而导致的亏空很难清除。当然，如果亏空是在经营者更迭时为支付员工退休金所致，则即使亏空也是暂时的，因为企业能与员工达成一致，共渡难关，这样基本上就可以避免倒闭了。而慢性亏空则有可能蚕食企业。长期亏本经营会使企业财力消耗殆尽,最终倒闭。

那么为何以连续亏空 5 年以上来作为预警信号呢?原因就在于长期亏空必将造成资金周转困难,并最终导致贷款增多,使企业经营举步维艰。

预警信号 3:人力资源费负担过重

统计结果表明,规模越小的企业,其员工的平均年龄越高。中青年员工过多的企业由于退休者较少,人力资源费年年递增,成为企业的巨大包袱。如果此时企业的销售额和利润也能随之增长的话,企业也许不会陷入危机,而如果人力资源费的增长率高出销售额和利润的增长率,则危机在所难免。

企业所负担的成本费用大致可分为可变成本和固定成本两种。人力资源费是比重最大的可变成本,会随着员工数目的增加而不断增大。

预警信号 4:危险客户

经济不景气时最常见的现象是企业连锁倒闭,而经营状况良好的企业会因客户倒闭而受到株连。为了避免连锁倒闭,必须学会危险客户的辨别方法。

此外,要想预知客户的危险征兆,还必须重视那些并未体现在数字中的蛛丝马迹。

预警信号 5:更迭期的企业

处于更迭期的企业,即使继任者有能力,如果体制老化,同样也具有危险性。许多老字号企业由于过度沉醉于过去的光荣历史，不注重开发新产品，加之后继乏人，终使代代相传的家业毁于一旦。

网络时代，有80%的危机都与网络密切相关。因此，企业在监察平面报道的同时不要放过对网络上的危机来源进行定期监察。

因此，如果企业设有危机信息的监测系统，根据日常收集到的各方面信息，及时采取有效的防范措施，完全可以避免危机的发生或使危机造成的损害和影响尽可能降到最小。

¤ 及时制定相应的危机预案

管理学大师彼得·德鲁克曾在其所著的《21世纪的管理挑战》一书中作过粗略统计：美国大约有85%的企业在危机发生一年后就会处在倒闭破产的边缘，或者根本已经消失，这实在是一个让人警醒的数字。

对于企业管理者来讲，不仅要从根本上树立危机管理意识，更要全力打造全面的危机管理体系。

随着现代经济发展水平的不断提高，企业可能随时都要准备迎接各种各样的挑战，于是，危机的不可避免成为一个不争的事实，那么，学会应对危机也就成了企业必须具备的一种素质。

不论国内还是国外，一些大公司在危机发生时之所以能够应付自如，其关键之一是建立了危机管理体系。比如，强生公司在康泰克危机中应付自如、创维集团在黄宏生被捕后能够及时化解危机，红牛集团在假红牛事件发生后能够果断处理，这些都离不开他们预防危机的意识和平时的危机管理机构的建立。

危机无处不在，哪怕在各大百年企业中，也需要经常地应对危机公关，处理突如其来的危机。同样的危机事件，恒源祥也曾遇到过。但是却凭借出色的危机处理能力取得了不一样的效果。

由于一家报纸记者的误报，导致全国媒体大量转载"恒源祥内衣有毒"。事发一周内，恒源祥内衣可谓四面楚歌，市场滞销，顾客情绪激愤。恒源祥集团马上启动危机公关程序，和中国消费者协会进行沟通，将中国消费者协会的有关内衣比较实验数据公布于众，并向各地工商部门发布告知信函，安抚经销商。恒源祥有限公司董事长刘瑞旗坐镇上海，亲自指挥处理这次危机事件，终于在一个月内平复，恒源祥的企业形象不仅没有受到丝毫损害，反而因为实验数据的公示，获得了消费者的更大信任。

很多时候，不管你如何防范，危机还是会来，挡也挡不住，在预防上所做的努力只能起到延缓其发生、尽量减轻一些损失的作用。而且，由于危机往往具有突发性，面对这样的"不速之客"，有些管理者显得不知如何是好。

对于一个组织而言，它能取得不凡的成绩不在于它没有经历过危机，而是当危机降临的时候，它能及时采取有效的措施，将危机带来的影响降到最小。

虽然每个组织危机发生的概率和造成的破坏程度不同，但是危机管理都要遵循一定的原则。

处理危源在无法消除时就要严格控制，并根据可能发生危机的严重程度来确定控制办法。

危机事件根据其性质和情况不同，一般分为三级：一般事件，紧急事件和重大事件。

1. 一般事件

包括由于产品或者包装等一般性质量问题，服务不够规范、消费者使用产品不当等非产品质量问题引起的消费者投诉等。

2. 紧急事件

包括产品质量问题引起消费者生病或向消费者协会投诉，新闻媒介接到消费者的举报向公司进行查询，受到地方政府的查询，不利于公司形象和品牌信誉的谣言存在等。

3. 重大事件

包括产品质量问题致消费者死亡，新闻媒体的曝光，严重损害组织形象的谣言，各种司法诉讼和重大突发事件。

如果危机事件尚未在媒体曝光，则必须控制事件的影响，做出适当的让步，争取牺牲小利换来事件的快速处理。如果危机事件被媒介公开并已造成广泛影响，则危机处理应将重点转到媒介公关上来。